# Les secrets de maître Pierre, notaire de campagne

## Du même auteur*

Certaines œuvres sont connues sous différents titres.

### Romans

Le Roman de la Révolution Numérique
La Faute à Souchon : (Le roman du show-biz et de la sagesse)
Quand les familles sans toit sont entrées dans les maisons fermées
Liberté j'ignorais tant de Toi (Libertés d'avant l'an 2000)
Viré, viré, viré, même viré du Rmi !
Ils ne sont pas intervenus (Peut-être un roman autobiographique)

### Théâtre

Neuf femmes et la star
Les secrets de maître Pierre, notaire de campagne
Ça magouille aux assurances
Chanteur, écrivain : même cirque
Deux sœurs et un contrôle fiscal
Amour, sud et chansons
Pourquoi est-il venu :
Aventures d'écrivains régionaux
Avant les élections présidentielles
Scènes de campagne, scènes du Quercy
Blaise Pascal serait webmaster
Trois femmes et un Amour
J'avais 25 ans
« Révélations » sur « les apparitions d'Astaffort » Brel Cabrel

### Théâtre pour troupes d'enfants

La fille aux 200 doudous
Les filles en profitent
Révélations sur la disparition du père Noël
Le lion l'autruche et le renard,
Mertilou prépare l'été
Nous n'irons plus au restaurant

* extrait du catalogue, voir page 165

# Stéphane Ternoise

# Les secrets de maître Pierre, notaire de campagne

Sortie numérique : 31 mai 2011

Edition revue et actualisée en mars 2014. Disponible en numérique et en papier.

Dans *Théâtre peut-être complet*, publié en janvier 2008, la première pièce s'intitule *Les secrets de maître Pierre, notaire de campagne*. Depuis cette comédie fut retravaillée. Avec les six personnages initiaux mais aussi avec quelques possibilités d'ajouts. C'est l'ensemble des versions de ce texte que vous pouvez désormais lire.

**Jean-Luc PETIT Editeur - collection Théâtre**

# Stéphane Ternoise
# versant
# dramaturge :

# http://www.dramaturge.fr

## Tout simplement et logiquement !

Site officiel : http://www.ecrivain.pro

© **Jean-Luc PETIT - BP 17 - 46800 Montcuq – France**

# Les secrets de maître Pierre, notaire de campagne

*Tragicomédie en trois actes*

La vie dans une petite étude notariale de province, avec le vieux maître Pierre accroché à son poste, refusant de passer la main à son fils... mais posant régulièrement ses mains sur sa belle-fille. Ce qui ne constitue pas le plus grand secret de sa vie. Une belle-fille officielle au cœur d'un imbroglio sentimental que seul des tests ADN pourraient démêler... De qui sera l'enfant ? Son mari, son beau-père ou un troisième homme ? Madame Machiavelle choisira. Et du coffre-fort sortira une vieille pierre, le grand secret de cette famille...

Distribution originelle : Trois femmes, trois hommes.

Autres versions disponibles :
– Trois femmes, deux hommes. Marcel et Stéphane joués par le même acteur.
– Trois hommes. Avec quatre ou cinq femmes : le passage de Madame Deuly, visiteuse en recherche d'une maison dans le bourg, qui peut être accompagnée de sa sœur.
– Deux femmes et quatre hommes, quand monsieur le maire devient madame le maire. Madame Deuly et sa sœur peuvent alors intervenir pour obtenir une version trois femmes quatre hommes ou quatre femmes quatre hommes.

Distribution originelle :

# Les secrets de maître Pierre, notaire de campagne

*Tragicomédie en trois actes*

Trois femmes, trois hommes

Maître Pierre, notaire, soixante-cinq ans, léger embonpoint
Yvonne, sa femme, soixante ans
Marcel, fils du notaire, trente-huit ans
Florence : épouse de Marcel, trente ans
Madame le maire du village, la cinquantaine prétentieuse
Stéphane Ternoise, écrivain indépendant, approche quarante ans.

L'utilisation de Stéphane Ternoise comme personnage est naturellement un jeu de l'auteur. Vous pouvez remplacer ce nom par celui qui vous plaira.

# Acte 1

*Un petit village du sud-ouest. L'étude de maître Pierre. Meubles anciens. Un bureau avec le fauteuil directeur du notaire. Deux chaises devant le bureau et quatre entre les deux portes, la première donnant sur l'extérieur (via un couloir), l'autre sur le secrétariat. Aux murs, quelques tableaux, scènes de chasse et châteaux. Debout, Florence et Yvonne, des papiers en main.*

Yvonne : - Que se passe-t-il, Florence ?

Florence : - Comment avez-vous deviné que j'allais vous poser une question importante ?

Yvonne : - Yvonne ne dit rien mais elle devine tout.

Florence : - Oh !

Yvonne : - Comment oh !…

Florence : - Je voulais dire ah !

Yvonne : - Ah !

Florence : - Bref… Vous savez et il faut que je sache ! Je suis mariée avec votre fils depuis trois ans, professionnellement comme personnellement, vous savez pouvoir compter sur moi, bref, je dois tout savoir désormais. Pourquoi votre mari refuse de lui laisser l'étude ?

Yvonne : - Ah !

Florence : - Comment ah !

Yvonne : - Ah ! Mon fils ! Mon petit trésor !

Florence : - Il a maintenant 38 ans, l'ensemble de ses diplômes. Il a montré ses compétences à Cahors. Madame Yvonne, j'ai le droit de savoir. Je sens comme un secret planer au-dessus de cette maison.

Yvonne : - Ah ! Demandez au seul maître dans cette étude.

11

Florence : - Je suis sa secrétaire.

Yvonne : - Pas toujours.

Florence, *troublée* : - Mais quand je ne suis pas sa secrétaire... Il me parle comme à une enfant.

Yvonne : - Ah !

Florence : - Comment ah !

Yvonne : - Je voulais dire hé !

Florence : - Il faut que je sache la vérité. J'ai parfois l'impression que votre mari n'aime pas votre fils.

Yvonne, *qui fixe sa belle-fille avec surprise* : - Ah !

Florence : - Vous voulez dire hé ?

Yvonne : - Bref. Demandez à votre beau-père.

Florence : - Vous savez bien qu'il répond toujours la même chose : « *Hé ! Je suis en pleine forme. Votre mari apprend son métier. Hé ! Si j'abandonne l'étude, il en est certains qui n'hésiteront pas à essayer de me pousser dehors de ma fonction de premier adjoint au maire et de représentant au conseil intercommunal.* » On dirait qu'il a enregistré un disque et me le repasse à chaque question.

Yvonne : - J'entends la Mercedes de monsieur.

Florence : - Déjà !... Un jour il faudra que je sache tout.

Yvonne : - Ah ma fille ! Si vous pensez être la seule personne qui voudrait tout savoir dans cette vallée de larmes.

*Maître Pierre entre, pose sa veste sur le dossier d'une chaise tout en commençant à parler.*

Maître Pierre : - L'idiot ! Il m'appelle sur mon portable pour me demander pourquoi je ne l'ai pas informé de ce projet de ligne à Très Haute Tension... J'ai failli lui répondre « *je ne suis pas le journal télévisé, mon cher monsieur.* »

Florence : - Alors vous lui avez conseillé de revendre

immédiatement !... Ce qui nous fera une nouvelle commission.

Maître Pierre : - Hé ! Florence ! Que se passe-t-il ici ?

Florence : - Naturellement vous lui avez répondu que la ligne ne se fera pas. Que vous en avez encore parlé samedi avec votre ami le vénérable et vénal conseiller général.

Maître Pierre : - Exactement. Hé ! Pardi ! C'est la stricte vérité.

Yvonne : - Et bien sûr, personne n'ajoute que cet idiot se fout de nous, qu'il affirme la main sur le cœur une chose aux opposants à la Haute Tension mais reste copain cochon avec monsieur le président de son parti de notables, ce président de Conseil Général, ce complice d'une centrale nucléaire qui lui permet de vivre comme un nabab, d'entretenir sa bande de béni-oui-oui. Hé !, elle est belle la gauche !

Maître Pierre : - Oh Yvonne ! Que se passe-t-il ici ?

Yvonne : - Hé ! Parfois il faut que ça sorte ! Il m'énerve votre ami. Je ne voterai plus pour lui.

Maître Pierre : - Et pour qui veux-tu voter ?

Yvonne : - Hé ! Je voterai blanc.

Maître Pierre : - Bah ! Ça ne change rien.

Yvonne : - Hé ! Je voterai rouge.

Maître Pierre : - Si ton père t'entendait !

Yvonne : - Je voterai vert.

Maître Pierre : - Mais que se passe-t-il donc ici ? C'est la révolution de palais ou quoi ? Quelqu'un a téléphoné ? (*en souriant*) Nous n'avons quand même pas un contrôle fiscal !

Yvonne : - J'ai quand même parfois le droit de m'exprimer.

Maître Pierre : - Exprime-toi, exprime-toi, nous sommes en famille. Ils nous emmerdent avec cette ligne. Nous pensons tous la même chose ici. Vivement qu'elle soit

faite, qu'on touche les primes de l'EDF et que les fous vendent, que les affaires repartent. C'est un peu mou en ce moment, tu ne trouves pas ?

Yvonne : - Il est passé des jeunes, des nordistes, ils cherchent une maison pas chère et habitable.

Maître Pierre : - Pas chère, pas chère ! Mais ce canton ne va quand même pas devenir un refuge de rmistes !

Yvonne : - Ils repasseront cette après-midi. J'ai pensé que la maison en face du marginal pourrait leur convenir.

Maître Pierre : - Ne me parle plus de lui ! Tu ne sais pas qu'il a écrit une chanson contre la ligne ! Il rime pognon et haute tension. Oh ! Il commence à nous énerver avec ses sites internet, celui-là ! Il va bientôt se retrouver avec un contrôle fiscal ! Il devinera peut-être de où ça vient. Si au moins la ligne nous en débarrassait ! Vivement qu'on la fasse cette ligne ! Après tout, il y en a partout ! Quand elle sera plantée, au moins les gens n'en parleront plus et les prix repartiront. Elle s'insérera discrètement dans le décor, et personne ne la remarquera, je vous le parie.

Florence : - Je suis contre.

Maître Pierre : - Hé ! Vous vous lancez dans la politique, maintenant, Florence !

Florence : - Réfléchir est un droit. Même pour une femme ! Ça concerne mon avenir aussi cette ligne. Et celui de vos petits-enfants.

Maître Pierre : - Oh !... Je ne peux décidément pas vous laisser deux heures !... J'ai du courrier à vous dicter, Florence.

Florence : - Je vous écoute, maître Pierre.

Maître Pierre : - Florence !

Florence : - Oh ! C'est sorti tout seul ! Je suis presque confuse ! Quand même pas désolée !

Maître Pierre : - Si on se paye ma tête dans cette maison,

je voudrais comprendre quelle mouche vous a piquées (*il prend sur son bureau une tapette tue-mouche*).

Yvonne : - Je te laisse à ton sport préféré. Faites attention aux balles perdues, Florence.

Maître Pierre, *à Florence* : - Mais elle a regardé une émission humoristique, votre belle-mère !

*Yvonne sort.*

Maître Pierre, *s'asseyant, doucement* : - Vous avez eu une dispute, ma douce Flo ?

Florence : - Ce n'est plus tenable cette situation. Je souhaite que tu transmettes l'étude à Marcel.

Maître Pierre : - Hé ! Hé ! Marcel, Marcel, c'est encore un enfant. Hé ! Je suis en pleine forme ! Je ne suis pas agriculteur !

Florence, *qui l'interrompt* : - Ce n'est plus possible cette situation. Sinon je quitte l'étude.

Maître Pierre : - Oh ma Flo.

Florence : - Je ne suis pas ta Flo !

Maître Pierre : - Florence… Ne dites pas de bêtises (*il pose sa main droite à hauteur du cœur*) Mon cœur s'emballe rien qu'à ces mots.

Florence : - Marcel est exaspéré. Il ne comprend pas pourquoi vous ne l'aimez pas.

Maître Pierre : - Exaspéré ! Ah !

Florence : - Des ah ! Des oh ! Des hé ! J'en entends à longueur de journée !

Maître Pierre : - Hé ! C'est cela une famille ! On finit par avoir des expressions communes.

Florence : - Bref, vous allez un jour la lui transmettre, cette étude ? Ne tournez pas autour du pot, comme dirait ma copine Corinne ! Oui ou non ?

Maître Pierre : - Hé ! Pardi ! Naturellement. Il le faudra bien !

15

Florence : - Et quand ?

Maître Pierre, *fixe Florence* : - Approche.

Florence : - Ce n'est pas nécessaire.

Maître Pierre : - Les murs ont parfois des oreilles.

*Florence a une moue de désapprobation mais avance. Le notaire pose sa main gauche sur le ventre de sa belle-fille. Qui recule d'un pas.*

Florence : - Ah non ! Nous étions d'accord ! Jamais ici.

Maître Pierre : - Bon, j'attendrai mercredi.

Florence : - Je ne sais pas s'il y aura encore un mercredi.

Maître Pierre : - Oh !

Florence : - C'est comme ça !

Maître Pierre : - Ah ! J'ai toujours su qu'un jour il faudrait tout te raconter !... Hé ! Pourquoi pas maintenant !

*Silence. Florence regarde le notaire en se demandant quel nouveau stratagème il invente. Elle croise les bras.*

Maître Pierre : - Je suis d'accord pour laisser l'étude à ton mari fin décembre. En associé naturellement. Je ne vais quand même pas faire comme ces idiots qui prennent leur retraite en vociférant « *c'est mon droit* » et passent leurs journées sur un terrain de pétanque à regretter le temps du travail. Et ils meurent d'un cancer six mois plus tard, tellement la retraite les a détraqués.

*Silence.*

Florence : - Associé avec maître Marcel donc.

Maître Pierre : - Tout ce qu'il y a de plus légal. Les papiers sont d'ailleurs prêts. Nous n'avons plus qu'à les parapher et remplir toutes les conditions.

Florence : - Je les attendais, les « conditions. »

Maître Pierre : - Je suis d'accord pour vous assurer une rente mensuelle.

Florence, *en souriant* : - La grâce vous a visité !

Maître Pierre : - Ça ne dépend que de toi.

Florence : - Je m'attends au pire.

Maître Pierre : - Comment me considérez-vous, Flo ! Moi qui n'aime que toi.

Florence : - Je vous écoute.

Maître Pierre : - Nous allons avoir un enfant.

Florence : - Oh !

*Florence s'évanouie. Le notaire se précipite.*

Maître Pierre : - Ma belle. Ma belle (*il lui tapote le visage, l'embrasse*).

Florence, *ouvre les yeux* : - Vous êtes fou.

*Le notaire l'embrasse.*

Florence, *se retourne* : - Arrête. Tu es fou.

Maître Pierre : - Je ne t'ai pas obligée à t'allonger sur la moquette comme dans mes rêves.

Florence : - Tu es fou.

Maître Pierre : - J'ai mes raisons.

Florence : - C'est du sadisme ! Tu voudrais que Marcel croit être le père de son demi-frère. Mais tu es fou.

Maître Pierre, *après s'être relevé* : - Non !

Florence, *se relève :* - Tu voudrais être le père de ton petit-fils... Mais je deviens folle aussi d'imaginer ce que cette infamie donnerait (*elle s'assied*).

Maître Pierre *semble réfléchir, puis* : - Notre enfant ne serait pas le demi-frère de ton mari.

Florence : - Ne m'embrouille pas ! As-tu déjà vu un enfant dire pépé à son papa. Dire papa à son frère !

Maître Pierre, *réfléchit puis* : - Notre enfant n'aurait aucun lien de véritable parenté avec ton mari.

Florence : - Parlons d'autre chose, c'est non.

Maître Pierre : - Tu n'as donc rien compris.

Florence : - J'ai compris que tu es fou… Déjà de forcer ta belle-fille à… À avoir de telles relations.

Maître Pierre : - C'est presque un autre sujet. Nous y trouvons tous les deux des avantages.

Florence : - J'ai honte le soir au côté de Marcel. Vous lui plantez un couteau dans le dos.

Maître Pierre : - La justice.

Florence : - Tu es fou.

Maître Pierre : - Tu n'as donc rien compris.

Florence, *se lève* : - Ah tu m'énerves ! C'est la deuxième fois en trente secondes que tu me balances ton « *tu n'as rien compris.* » Comme si j'avais cinq ans !

Maître Pierre, *calmement* : - Tu crois qu'un homme comme moi aurait pu coucher avec la femme de son fils.

Florence : - C'est pourtant le cas.

Maître Pierre : - Non.

Florence, *se rassied* : - Comment non ? Mais j'hallucine ! Tu divagues ! Tu es fou Pierrot ! Tu t'es entendu ! Non ! (*silence*)

Maître Pierre : - Tu commences à comprendre ?

Florence : - Il est temps que tu me confesses tout, je sens tellement une odeur de secret dans cette maison.

Maître Pierre : - Tu as déjà trouvé une ressemblance entre moi et ce Marcel ?

Florence : - Oh ! (*proche de s'évanouir de nouveau, se retient au bureau*)

Maître Pierre : - Hé ! Tu l'as dit, « Oh ! »

Florence : - Votre fils n'est pas votre fils !

Maître Pierre : - C'est le fils de ta belle-mère.

Florence : - Et vous avez épousé Yvonne pour obtenir l'étude en dot.

Maître Pierre, *effondré* : - Florence, vous me croyez à ce point intéressé.

Florence : - Ne me cachez plus la vérité. Les mots ne servent pas qu'à mentir. On ne battit rien de sincère, de solide sur le mensonge.

Maître Pierre : - Cocu.

Florence : - Oh !

Maître Pierre : - Le cocu du village.

Florence : - Oh ! Vous !

Maître Pierre : - Tu n'as jamais remarqué les petits sourires.

Florence : - Si vous croyez que j'accorde une quelconque importance aux sourires de ces gens.

Maître Pierre : - Sinon je serais maire.

Florence : - Je croyais que ça ne vous intéressait pas.

Maître Pierre : - Quand un si petit village a la chance d'avoir un notaire, il le nomme maire... Les élections ne devraient même pas exister dans ce cas-là. Et je suis l'éternel premier adjoint. Les emmerdes jamais les honneurs. TSC ! Tout Sauf le Cocu !

Florence : - Oh !

Maître Pierre : - Tu crois pas que ç'aurait été ma place, quand l'autre idiot s'est tué en mobylette ?

Florence : - Je croyais que c'était toi qui avais suggéré que sa veuve lui succède. La veuve d'un homme décoré ! On aime les médailles au village !

Maître Pierre : - Tu n'as quand même pas cru cela ! Elle était belle sa décoration ! Si je te racontais combien il a payé pour l'obtenir ! Son père était simple boulanger, et même pas le meilleur du canton, tu vois un peu la famille.

Florence : - Madame vous a... Oh !

Maître Pierre : - Trois mois après notre mariage.

19

Florence : - Oh ! Je ne pourrai jamais plus la regarder en face.

Maître Pierre : - Une passion. Une passion qu'elle a pleurniché. Après.

Florence : - Et vous les avez surpris ?

Maître Pierre : - Derrière la haie de buis.

Florence : - « *N'ouvrez jamais cette porte, ça porte malheur.* »

Maître Pierre : - Hé oui, devant le puits.

Florence : - Mais pourquoi ne pas avoir divorcé ?

Maître Pierre : - On ne divorçait pas en ce temps-là. On réglait ses affaires en famille.

Florence : - Pour l'étude.

Maître Pierre : - Oh Florence, vous me croyez vraiment…

Florence : - Je ne peux pas croire que ce soit par amour.

Maître Pierre : - L'amour, l'amour… Même si ça te semble impensable, j'ai aimé la mère de ton mari.

Florence : - Et elle ?

Maître Pierre : - Elle a hurlé.

Florence : - Hurlé ?

Maître Pierre : - Je n'ai plus rien à te cacher… Je lui ai fracassé la tête.

Florence : - Vous !

Maître Pierre : - Un notaire peut tuer.

Florence : - Vous êtes un assassin.

Maître Pierre : - On n'est pas un assassin quand on tue l'amant de sa femme.

Florence : - Et vous avez été condamné ?

Maître Pierre : - Tu sais bien que c'est un secret. Naturellement le docteur a attesté la chute de cheval. Il s'est débrouillé pour me faire signer un acte antidaté juste avant, donnant-donnant, tu vois. Le fils du médecin est médecin aussi et il vit dans un château. Tu sais maintenant comment ce château est entré dans sa famille. Mais lui, tout le monde a murmuré, « *il est malin.* » Elle ne trompe que toi et son fils, ta belle-mère, quand elle pleure au cimetière.

Florence : - Oh !

Maître Pierre : - Tu sais tout.

Florence : - Mais comment pouvez-vous être vraiment certain que Marcel ne soit pas votre fils ?

Maître Pierre : - Tu veux vraiment que j'entre dans les détails ?... (*silence... oui de la tête de Florence*) Quelques semaines après notre mariage, à mon grand désespoir, nous faisions déjà chambre à part, Yvonne prétendait souffrir d'atroces migraines dès que je l'approchais.

Florence : - Vous voulez dire qu'entre vous et madame !...

Maître Pierre : - La vie est rarement la vie rêvée. On a vingt-six ans, on épouse la fille du notaire, on devient notaire. Et il suffit qu'un étranger vienne s'installer au pays, qu'il sache bien chanter et tout s'effondre.

Florence : - Si j'ai un enfant de mon mari, il appellera pépé l'homme qui a tué son vrai pépé.

Maître Pierre : - Tu ne vas quand même pas me reprocher d'avoir réagi en homme.

Florence : - Il vous suffisait de divorcer et l'affaire était réglée. Entre gens civilisés on sait que toutes nos attractions ne sont que des réactions chimiques.

Maître Pierre, *sourit* : - Réactions chimiques ! Où vas-tu chercher tout ça !

Florence : - L'amour, les sentiments, tout ça, oui tout ça, notre vie, ce n'est qu'une suite de réactions chimiques. Heureusement l'esprit peut quand même se construire des notions d'équité, d'intégrité, de dignité. Et toute société

tente d'inculquer des règles morales qui ne sont qu'une manière de vivre ensemble sans se dévorer.

Maître Pierre : - Comme tu parles bien, ma Flo.

Florence : - Il est vrai que c'est insupportable pour vos idées judéo-chrétiennes, que nous ne soyons qu'un conglomérat d'atomes...

Maître Pierre : - Tu vois bien qu'il vaut mieux avoir un enfant de moi. Ainsi tu sauves tout, le cocu n'est plus cocu. Moins un par moins un, égal un.

Florence : - La vie ce n'est pas des mathématiques.

Maître Pierre : - Tu me laves le déshonneur. Tu rends propre le nom de ton enfant. Notre enfant sera l'enfant de la justice.

Florence : - Et Marcel ?

Maître Pierre : - Marcel est une erreur. Il ne saura jamais, ce sera notre secret. Tu pourras même divorcer ensuite si tu le souhaites. Je signerai les papiers nécessaires pour que l'héritier de l'étude soit notre fils.

Florence : - Et si c'est une fille !!!

Maître Pierre : - Hé ! Je suis large d'esprit ! Elle sera héritière.

Florence : - Ce que tu me demandes est ignoble.

Maître Pierre : - Tu ne peux plus répondre ça maintenant que tu sais.

Florence : - Mais comment vais-je pouvoir regarder Marcel en face ?

Maître Pierre : - Il te suffit d'arrêter la pilule et dans trois mois tu lui lanceras qu'il devrait rentrer plus souvent ivre, comme le soir où vous aviez eu des... des relations.

Florence : - Comment savez-vous qu'entre Marcel et moi ce n'est pas...

Maître Pierre : - Tu sais bien que votre chambre est juste derrière la petite salle me servant parfois de bureau.

Florence : - En plus tu m'espionnes !

Maître Pierre : - Hé ! Quand on aime quelqu'un, ce n'est pas l'espionner que de passer la nuit à écouter sa respiration.

Florence : - Ne joue pas les romantiques.

Maître Pierre : - Tu as sauvé ma vie, Flo.

*On frappe.*

Maître Pierre : - Entrez.

*Entre Yvonne*

Yvonne : - J'ai besoin de tes bras, Pierrot.

Maître Pierre : - Tu vois bien que nous sommes en plein travail. Ça ne peut pas attendre les bras du fiston ?

Yvonne : - Premièrement, je n'ai pas l'impression que vous soyez en plein travail, et deuxièmement, si tu veux manger ce midi...

Maître Pierre, *se lève* : - Bon, bon (*à Florence*) sortez le dossier et rédigez le préaccord.

*Florence se lève... Et dès que tout le monde est sorti, va s'effondrer dans le fauteuil du notaire.*

Florence : - Je fais quoi, moi, maintenant ? Si je ne couche plus avec lui, fini le fric. Une femme a besoin d'une cagnotte dans ce pays ! Mais avoir un enfant de lui ! Oh non ! Et ne pas en avoir ? Est-ce que Marcel m'en fera un, un jour ? Visiblement, le sexe et lui, ça fait deux. Alors ?... Voilà ce qui arrive quand on est pauvre et qu'après des études sans débouchés, on se laisse convaincre qu'un mariage d'intérêt est finalement préférable à une vie de caissière.

**Rideau**

23

# Acte 2

*Même décor, le notaire dans son fauteuil, Florence assise sur l'une des chaises devant le bureau.*
*Le notaire lit une lettre à haute voix.*

Maître Pierre : - Madame le maire,

En octobre de l'année dernière, vous aviez jugé ma demande conforme aux intérêts de la commune. Je souhaitais simplement acquérir quelques mètres carrés devant chez moi, afin d'y réaliser un trottoir et une entrée digne de notre historique commune. Ce qui n'influerait guère sur la taille de la place du cimetière ni sur sa capacité d'accueil des voitures. Qui plus est, mes travaux embelliraient le bourg.

Après votre accord de principe, cette demande a soulevé des oppositions en votre vénérable conseil municipal.

Je me permets donc de réitérer cette requête, cette fois de manière officielle, par lettre recommandée.

Ainsi, soit ma demande sera acceptée, soit les motifs du refus seront communiqués. Les deux issues permettront de mettre fin à certaines rumeurs sur une décision politique, ou celle d'une vengeance personnelle suite à une tentative d'arnaque ayant échoué...

*Silence exaspéré... il reprend :*

Naturellement, si vous jugez préférable, afin d'éviter toute remarque d'un enrichissement grâce à ses fonctions, que cette transaction s'effectue ailleurs qu'en l'étude de votre premier adjoint et néanmoins notaire en notre commune, je m'engage à prendre en charge nos frais de déplacement chez le notaire compétent et intègre de votre choix.

Veuillez agréer… Etcetera…

*Silence.*

Maître Pierre : - Vous vous rendez compte, Florence, le petit con.

*Florence sourit.*

Maître Pierre : - Ça vous fait sourire, Florence !

Florence : - C'est bien tourné. Des sous-entendus précis, évidents, mais aucune diffamation.

Maître Pierre : - Bien écrit ! Hé ! Il n'est pas gêné, il est écrivain ! Il devrait avoir honte d'utiliser sa profession pour ainsi m'attaquer, « *tentative d'arnaque ayant échoué !* » Le scélérat ! Le petit con !

Florence : - Vous avez bien utilisé votre position pour vous venger !

Maître Pierre : - Florence ! Vous n'allez quand même pas me critiquer ! Jamais ! Tu m'entends ! Jamais il ne les aura ses trente mètres carrés. Même dix, même cinq, moi vivant, ce sera toujours non !

Florence : - Et si le conseil municipal juge sa demande recevable ?

Maître Pierre : - Tu sais bien que cette pauvre femme n'a que le titre de maire, qu'elle n'y connaît absolument rien à la gestion de notre commune, qu'en conséquent elle n'a absolument rien à me refuser.

Florence : - Mais si elle te demande tes raisons ?

Maître Pierre : - Hé ! Est-ce que moi je lui demande ses raisons ? Les raisons de Christine sont les plus connues du canton.

Florence : - Tu es vraiment rancunier !

Maître Pierre : - Rancunier, moi ? Jamais ! (*en souriant*) Comme un homme ! Si comme tout poète digne de ce nom il se suicide, je suis d'accord pour rebaptiser une rue et prononcer un éloge funèbre. La mort absout de tout. Même du manquement à sa parole. J'ai de la religion, Florence, tu sais.

Florence : - Oh ! Vous souhaitez sa mort !

Maître Pierre - C'est bon pour le tourisme d'avoir eu un poète ! Nous manquons d'attractivité ! Et il m'avait promis ma commission. Entre hommes, l'engagement passe avant le droit.

Florence : - Mais tu sais bien qu'elle n'était pas légale !

Maître Pierre : - Quand on promet on s'engage !

Florence : - Tu sais bien qu'il n'est pas fou. S'il ne t'avait pas promis ta petite commission sans facture tu l'aurais pigeonné !

Maître Pierre : - Les affaires sont les affaires ma fille ! Tu n'es pas née de la dernière pluie.

Florence : - Parlons donc de notre contrat.

*Le notaire soupire, en souriant, prend dans sa poche son trousseau de clés, ouvre un tiroir, en sort une chemise verte et la tend à Florence.*

Florence, *se lève* : - Bien, maître, je vais étudier cela comme un acte des affaires sont les affaires !

Maître Pierre : - Hé ! Tu peux lire ici… Tu sais comme te regarder est un de mes grands plaisirs.

Florence, *en souriant* : - Comme tu l'as si bien exprimé et comme je l'ai simplement répété : les affaires sont les affaires.

*Maître Pierre sourit, Florence sort.*

Maître Pierre : - Quelle femme ! Mais mon Dieu ! Comme c'est difficile de sauver sa vie ! « Pierrot aime l'argent ! » Ah ! S'ils savaient où va mon argent ! S'ils savaient ils diraient « Pierrot aime le cul. » Comme c'est difficile ! S'il savait le mal qu'il m'a fait ce Ternoise en me refusant ma petite commission. « Pierrot est le pire des magouilleurs. » Alors que je n'ai jamais réclamé plus que de nécessaire. Enfin (*il sourit*) tout s'arrange. Un enfant ! Je vais avoir un enfant ! Avec la plus belle femme du monde. J'aurai un véritable héritier ! J'ai quand même le droit aussi au bonheur. TSA, tout sauf l'assassin ! Mais je ne suis pas un assassin ! En période de guerre, les survivants sont décorés. C'est la loi qui est mauvaise ! Certains ont fait bien pire et pourtant, ils ont la légion d'honneur ! Je ne vais quand même pas porter ce fardeau toute ma vie ! Mais je les aurai à l'usure ! Je serai centenaire ! Ils seront tous au cimetière, ceux qui savent, ceux qui croient savoir, ceux qui ont deviné ! Je les écrase déjà par mon fric ! Je leur survivrai ! Je les enterrerai tous ! Et pourquoi ne le reconnaîtrais-je pas cet enfant ! Flo me prend pour un âne en matière scientifique... Mais je sais bien qu'avec un test ADN, je pourrais prouver qu'il n'est pas mon fils, cet idiot de Marcel, et prouver ma paternité ! Oh Flo ! Si je t'épousais, ma Flo ! Tant pis si la vieille se suicide ! Mon bonheur avant tout ! Et nous partirons de ce coin perdu ! Tu mérites mieux que tout ça, ma Flo...

*On frappe*

Maître Pierre : - Entrez.

*Yvonne entre.*

Yvonne : - Pierrot, il faut que je t'en cause... Car je suppose que tu n'as rien remarqué...

Maître Pierre : - Je t'écoute.

Yvonne : - Florence a l'air bizarre ces jours-ci.

Maître Pierre, *en souriant* : - Bizarre ? Tu as vraiment dit bizarre, comme c'est bizarre.

Yvonne : - N'ironisez pas. Elle nous cache quelque chose. Elle a changé.

Maître Pierre : - Florence est une jeune femme, elle ressemble plus à son époque qu'au village, nous avons eu son âge.

Yvonne : - Mais elle ne m'a pas dit bonjour depuis plus d'un mois ! On s'entendait si bien avant ! Du jour au lendemain !

Maître Pierre : - Votre fils lui a peut-être bredouillé des confidences sur l'oreiller !

Yvonne : - Oh !

Maître Pierre : - Quoi oh !

Yvonne : - Vous m'aviez promis, promis de ne jamais utiliser ce « votre. »

Maître Pierre : - Il faut donc croire que cette expression m'a échappé. Bref, votre bizarre ne méritait pas que vous délaissiez ainsi votre cuisine.

Yvonne : - Et d'ailleurs, que faites-vous ici à cette heure ?

Maître Pierre : - Hé pardi ! Je suis en mon étude. J'attends la clientèle.

Yvonne : - Et vous n'aviez pas rendez-vous avec le châtelain ?

Maître Pierre : - Oh zut ! (*il regarde sa montre*) Je me sauve… Vous direz à Florence que nous terminerons le dossier à mon retour…

Yvonne : - Naturellement… Florence connaît suffisamment son métier pour que je n'aie pas à lui préciser…

*Il est à un mètre de la porte donnant sur l'extérieur quand Florence, en colère, ouvre la porte secrétariat, tenant de la main droite le dossier.*

Maître Pierre : - Florence, j'ai rendez-vous avec le châtelain… Excusez-moi…

*Le notaire sort rapidement.*

Yvonne : - Vous entrez chez le notaire comme dans un moulin, sans frapper.

Florence : - Mais j'ai frappé, madame Yvonne. Peut-être devriez-vous consulter un spécialiste.

Yvonne : - Oh !

Florence : - Vous vouliez dire « *certes* », je suppose. Voyez donc un audioprothésiste.

Yvonne : - Oh ! Décidemment, cette journée n'annonce rien de bon. Mes calculs astrologiques se révèlent une nouvelle fois exacts. Puisque c'est ainsi, vous mangerez ce que vous trouverez, je vais me recoucher !

Florence : - Vous allez !...

Yvonne : - Oui Florence... La dernière fois que mes calculs astrologiques ont donné 124... Oh non ! Oh mon Dieu ! Quel drame va nous tomber dessus aujourd'hui ?

Florence : - Et qu'advint-il alors ?

Yvonne : - Vous êtes trop curieuse parfois, ma fille.

*Yvonne fait un pas en direction de la porte.*

Florence : - C'était le matin du puits.

*Yvonne vacille. Se retourne.*

Yvonne : - Vous venez de dire ?

Florence : - Je vous posais une question... La journée 124, c'était bien celle du puits ?

Yvonne : - Mon Dieu ! Mon Dieu ! (*elle s'effondre sur une chaise*)

Florence, *tente de la relancer (doucement)* : - Le puits...

Yvonne : - Qui vous a parlé du puits !

Florence : - Vous, Yvonne.

Yvonne : - Je ne vous ai jamais rien dit.

Florence : - Justement, il faudrait m'expliquer, sinon j'imagine.

Yvonne, *se lève* : - N'imaginez jamais Florence ! Tout le

monde a ses secrets. Mon Dieu ! Et vous annoncerez aux hommes que je suis souffrante, qu'il ne faut pas me déranger.

*Yvonne sort.*

Florence, *s'assied dans le fauteuil du notaire* : - Je devrais peut-être prendre mes jambes à mon cou et quitter cette maison de fous !... Ah non !... Quand même pas au moment où tout va s'arranger ! Il a intérêt de me la modifier cette petite phrase ! Il faut quand même qu'on se dépêche de passer une nuit ensemble ! (*Florence sourit*) Si dans deux siècles quelqu'un déterre toute cette famille pour des tests ADN, quel sac de nœuds ! Mais enfin, tout le monde sera heureux ! Le bonheur dans l'ignorance ! Marcel se demandera comment il a réussi à me faire un enfant mais il sera fou de joie ! Pierrot va triompher ! Et moi ! Je suis la reine Machiavelle ! Et en plus amoureuse ! Et si en plus c'était réciproque ? Pauvre notaire ! Encore une fois cocu ! Et cette fois avec son écrivain préféré !... Il avait tellement besoin d'être consolé !... Les hommes sont vraiment aveugles et naïfs. Encore attendre cette traînée incapable de rester fidèle trois mois en Ethiopie, quand je suis si près... Quelle grande dynamique ! Tu es mon ami, mon amour, mon amimour. Ah ! si notre câlin pouvait devenir quotidien... Calme-toi Flo... Personne ne doit deviner pour l'instant cet amour clandestin... Je divorcerai avec un pactole et on vivra ensemble, mon écrivain adoré. Mon amimour, notre Amour nous le vivrons au quotidien, ne t'inquiète pas, nous pouvons dire ou écrire mon chéri ou mon amour à d'autres et continuer notre grande dynamique. Ils ne peuvent pas nous comprendre...

*On frappe.*

Florence : - C'est ouvert.

*Entre Marcel (très efféminé).*

Marcel : - Oh Flo ! Toi dans le grand fauteuil de père ! Oh Flo ! S'il te voyait !

Florence : - J'ai autant droit à cette place que lui !

Marcel : - Oh Flo !

Florence : - Finalement, maître Pierre n'a jamais obtenu le moindre diplôme et tout le monde le croit notaire.

Marcel : - Oh Flo ! Père déteste qu'on l'appelle ainsi, tu le sais bien.

Florence : - Quoi, maître Pierre, ça swingue !

Marcel : - A son époque, tu le sais bien, tous les métiers s'apprenaient sur le tas. Il faut plutôt admirer son parcours.

Florence : - Tu l'admires vraiment ! Franchement ? Entre nous, dans le secret de ce confessionnal improvisé.

Marcel : - Oh Flo ! Tu plaisantes ? Avoir maintenue vivace cette étude à la campagne, c'est une véritable performance, tu le sais bien.

Florence : - Est-ce que tu m'aimes ?

Marcel : - Oh Flo ! Que se passe-t-il ?

Florence : - Tu ne m'écris jamais de grandes lettres d'amour.

Marcel : - Oh Flo ! Tu sais bien…

Florence : - Ça faisait si longtemps que nous n'avions pas fait l'amour.

Marcel : - Fait l'amour !

Florence : - C'est charmant ! Tu ne te souviens plus !

Marcel : - Oh Flo ! Mais si !…

Florence : - Tu étais vraiment ivre !

Marcel, *troublé :* - Je disais… Faire l'amour… C'est bien normal pour un jeune couple…

Florence : - Mais c'est rare.

Marcel : - Rare, rare… Tu comptes, toi ?

31

Florence : - Les doigts d'une seule main suffisent.

Marcel : - Oh Flo… Tu sais combien je suis harassé, vidé, toujours sur les routes… Et cette histoire d'étude me perturbe… Tu sais bien qu'il me faut au moins neuf heures de bon sommeil. Je me demande vraiment pourquoi père ne veut pas qu'au moins nous soyons associés. Je ne demande rien d'extraordinaire. Les collègues ont des petits sourires déplaisants quand ils me posent la question.

Florence : - Il suffirait que tu ne lui laisses pas le choix.

Marcel : - J'aimerais t'y voir !

Florence : - C'est simple : j'arrive, je m'assieds sur le bureau, je le regarde droit dans les yeux, je fredonne « tin tin tin.»

Marcel : - Tu sais bien que personne ne peut soutenir son regard !

Florence : - Un certain Ternoise l'a fait.

Marcel : - Ça ne lui a pas porté bonheur. Jamais il n'aura son trottoir.

Florence : - Moi aussi, si je veux, je soutiens son regard, au vieux.

Marcel : - Oh Flo !

Florence : - Alors, tu lui balances : « puisque tu souhaites travailler jusqu'à 96 ans, je vais reprendre une étude à Cahors.»

Marcel : - Et s'il me répond « bonne chance, le fiston.»

Florence : - Hé bien ! Nous partirons à Cahors ! Mais il n'osera jamais prendre ce risque (*sourire*), il sait bien qu'il te suffirait de quelques mois pour que ton étude prenne nettement plus d'importance que la sienne.

Marcel : - Je n'oserai jamais. Et tu sais bien que je ne ferai jamais rien qui puisse le contrarier.

Florence : - Tu as la possibilité plus radicale : tu descends une demie bouteille de whisky et tu l'attrapes par la cravate, tu lui cries dans les oreilles « tu signes ou je te casse la gueule. »

Marcel : - Oh Flo ! Où vas-tu chercher tout ça ? Parfois tu me fais frémir !

### *Rideau*

## Acte 3

*Même décor. Le notaire derrière son bureau. Florence, enceinte, assise sur une chaise à la droite du bureau. Devant le bureau, assis : Madame le maire du village et Stéphane Ternoise. Florence, le plus discrètement qu'il lui est possible, le dévore régulièrement des yeux. Madame le maire signe les feuillets d'une pochette verte.*

Madame le maire : - Et voilà, tout est en ordre. Une dernière signature. Encore une bonne chose de faite.

Maître Pierre : - Florence a rédigé l'acte, tout est donc parfait. Pour nous, un tel acte, c'est la routine, notre pain quotidien.

Madame le maire : - Enfin, je suis satisfaite que cette affaire se termine... (*se tournant vers Stéphane :*) je pense que certaines pages de certains sites Internet vont ainsi êtes positivement modifiées.

Stéphane Ternoise : - Vous savez... Je ne suis pas propriétaire de l'ensemble des sites Internet de la planète. Même pas de ceux de l'espace francophone. Qui plus est, même dans le canton, des voix divergentes peuvent s'exprimer ! Internet est un espace démocratique rarement présent en démocratie.

Madame le maire, *en souriant :* - Je vous fais confiance. Je crois que vous savez très bien les pages auxquelles je me réfère. Notre village a besoin d'entente cordiale, c'est aussi mon rôle d'apaiser les relations.

Stéphane Ternoise, *en souriant :* - Vous le savez bien, un écrivain se sert de sa vie comme source principale d'inspiration. Imaginez qu'un jour je me mette au théâtre et qu'une de mes pièces présente Madame le maire et monsieur le notaire d'un petit village du Quercy.

Maître Pierre : - Ce serait déloyal, monsieur.

Stéphane Ternoise, *très badin* : - Je sais naturellement que la loyauté est un des piliers de votre ordre.

Maître Pierre : - Je suis très heureux de vous l'entendre ainsi rappeler.

Stéphane Ternoise : - Mais l'écrivain n'a pas à se plier aux apparences, aux contingences, aux allégeances, il peut exposer le noyau noir de sa vie, et celui des autres. Chaque profession a ses grandeurs et ses bassesses.

Madame le maire : - La vie m'a appris qu'il est toujours préférable de ne pas généraliser.

Stéphane Ternoise : - Alors généralisons ! Car tous les métiers sécrètent une déformation professionnelle, les écrivains puisent dans leur vie, les viticulteurs vérifient du matin au soir si leur vin vieillit bien, les institutrices font des enfants, les fonctionnaires bougonnent et il est même des professions où l'on tente systématiquement d'obtenir un peu d'argent en liquide.

Madame le maire, *se levant* : - Maintenant que tout est ordre, nous n'allons pas vous déranger plus longtemps, maître...

Stéphane Ternoise, *se levant et se tournant vers Madame le maire* : - Ne vous inquiétez pas, Madame le maire ! Je parlais naturellement des agriculteurs et leur propension à vendre sans facture.

Madame le maire, *lui souriant* : - De part ma profession, j'avais saisi. Il est même des agriculteurs qui chaque année me demandent s'il n'y aurait pas un moyen de contourner la loi. Pour les subventions, ils veulent des factures mais quand il s'agit de gruger l'état, ils sont les premiers. Nous sommes passés depuis bien longtemps à la comptabilité réelle et ce genre de pratique est de l'histoire ancienne. Comme dans de nombreuses professions.

Stéphane Ternoise : - Ce qui n'empêche pas certains d'essayer !

*Maître Pierre se retient de réagir...*

Madame le maire : - Quand l'honnêteté y gagne, tout le monde est gagnant. (*se tournant vers le notaire, approchant sa main droite pour serrer celle de son premier adjoint*) Pierrot, on se voit demain soir au Conseil.

Maître Pierre : - Si notre Dieu à tous me prête vie ! Je n'ai jamais raté un Conseil depuis mon élection. Même avec 39,2 de fièvre, j'étais fidèle au poste. Je crois qu'un jour je mériterai une citation dans le livre des records.

Madame le maire : - L'homme le plus ponctuel du canton (*elle se tourne vers Florence et, lui serrant la main* :) Florence, vous allez donc bientôt laisser votre beau-père sans secrétariat.

Florence : - Il ne sera jamais seul ! Marcel débute en associé le vingt-cinq.

Madame le maire, *se tournant vers le notaire* : - Alors c'est fait ! Le fiston revient au village.

Maître Pierre : - Je pensais vous l'annoncer au Conseil... Florence, vous m'avez grillé.

Florence : - Oh excusez-moi...

Madame le maire : - Je garde l'information pour moi. Case « confidentiel. » Je vous laisserai la parole à la fin du Conseil. Si vous le permettez je ferai préparer le champagne.

Maître Pierre : - Oh, ce n'est pas nécessaire, c'est dans l'ordre des choses, n'en faisons pas un événement.

Madame le maire : - Vous connaissez ma position : « il ne faut jamais rater l'occasion de servir le verre de l'amitié, il rapproche ainsi les gens, ressoude la sensation d'appartenir à une communauté, en un mot, l'amitié. »

Stéphane Ternoise, *voix faible, durant la respiration de Madame le maire* : - Surtout quand il est payé par la collectivité ! (*Madame le maire et maître Pierre font comme s'ils n'avaient pas entendu et Florence sourit*)

Madame le maire : - Enfin, Pierrot, nous en reparlerons et vous déciderez.

Stéphane Ternoise : - Tout est pour le mieux dans le meilleur des mondes.

Maître Pierre, *tout sourire* : - Vous l'avez dit !

Stéphane Ternoise, *serrant la main du notaire* : - C'est une réplique d'un ami, le sieur Voltaire. Un brave homme.

Maître Pierre : - Je m'en doutais.

Stéphane Ternoise, *serre la main de Florence* (*ils sont troublés*) : - Madame.

Florence, *retenant sa main plus que de nécessaire* : - Vous allez donc nous écrire une pièce de théâtre ?

Stéphane Ternoise : - Pas pour l'instant... Ce n'était qu'une réflexion de circonstance... Je reste fidèle au vieux roman. Quand on se sent bien quelque part, on a des difficultés à changer, ailleurs ça peut faire peur, quand on se sent bien dans un genre, on a des difficultés à le quitter... (*de plus en plus troublé*) Alors ça ne servirait à rien d'aller me divertir avec du théâtre... J'ai mes habitudes. Nous avons tous nos habitudes. Le théâtre contemporain n'intéresse personne.

Florence : - Pourtant je crois que vous pourriez faire de belles choses au théâtre. Quelqu'un a écrit que vous avez le don du dialogue.

Stéphane Ternoise : - Ça devait être l'un de mes pseudos ! Comme Stendhal a signé sous deux cents noms, je supplée les journalistes sûrement trop occupés ailleurs. Peut-être qu'un jour je changerai de vie, je changerai de genre... Et terminerai ma vie fidèle au théâtre...

*Madame le maire, qui jetait des regards discrets au notaire, ouvre la porte.*

Florence : - La littérature est mon jardin secret.

Stéphane Ternoise, *en souriant* : - Vous êtes donc une exception dans le canton. Tenez bon, la littérature est la vraie vie... Et si un jour vous souhaitez devenir membre du jury salondulivre.net... Vous n'avez qu'à passer me voir.

Florence : - Oh merci !... Mais je doute d'être à la hauteur du jury d'un prix littéraire... Je suis une simple lectrice...

Stéphane Ternoise : - Lire permet de conserver une certaine humilité... Mais parfois il faut savoir saisir les occasions qui se présentent.

Madame le maire : - Excusez-moi, mais on m'attend au bureau.

Stéphane Ternoise : - Je vous suis, Madame le maire, même si nos routes sont opposées.

Madame le maire : - Bonne journée mes amis.

Maître Pierre : - A vous pareillement, Christine.

*Stéphane sort avec Madame le maire, referme la porte.*

Maître Pierre : - Je croyais qu'il ne partirait jamais ! Vous avez exagéré Florence ! Vous ne croyez pas que de m'obliger à retirer mon veto à la mairie était déjà bien suffisant !

Florence : - Je souhaite moi aussi tout faire pour apaiser les tensions dans notre pays. Il est de notre devoir de travailler au rassemblement de la nation (*on la sent ailleurs*)

Maître Pierre : - Tu vas bien ?

Florence : - Ce n'est pas tous les jours qu'on a la chance de parler avec un écrivain.

Maître Pierre : - Vous n'allez quand même pas me faire croire que sa conversation vous intéressait.

Florence : - Je suis admirative des gens qui vivent debout.

Maître Pierre : - Ecrivain, écrivain, qu'il dit. En tout cas, il vit du RMI. Ça permet peut-être de se donner un genre, écrivain, mais ça ne nourrit pas son homme.

Florence : - Mais l'éternité lui appartient ! Qui se souviendra de nous dans 200 ans, alors que Molière, Racine, Hugo, Voltaire, Auster, sont éternels.

Maître Pierre : - Il est vrai que vous avez fait des études littéraires. En tout cas, moi je préfère vivre comme je vis plutôt que dans la misère comme cet écrivaillon.

Florence : - Il faut une certaine grandeur pour accepter d'avancer à contre-courant.

Maître Pierre : - Ce n'est pas une raison pour vivre aux crochets de la société ! Il proclame refuser toute subvention mais n'hésite pas à se la couler douce au Rmi ! Il pourrait au moins être honnête !

*Florence éclate de rire.*

Maître Pierre : - Flo !

Florence : - Excusez-moi, je n'ai pas pu me retenir.

Maître Pierre : - Et qu'ai-je dit d'aussi drôle ?

Florence : - Le mot honnête, dans votre bouche.

Maître Pierre : - Oh ! Flo ! Comment me considères-tu ?

Florence : - En plus, c'est une réplique de votre écrivain préféré. Quand il se met en scène et se tourne en dérision.

Maître Pierre : - Parce qu'en plus vous achetez ses livres !

Florence : - Avec mon argent !

Maître Pierre : - Toi, ton mari devrait te surveiller ! Je trouve que tu vas un peu trop souvent là-haut !

Florence : - Oh ! Je marche ! Je ne suis avancée au bourg qu'une seule fois. Et c'était justement pour acheter son troisième livre. Parce que j'avais lu une excellente critique sur internet... Tu ne vas quand même pas reprocher à une femme enceinte de marcher !

Maître Pierre : - Mais non, ma Flo. C'était juste pour te taquiner. Même pour une gloire posthume, je n'échangerais pas ma place contre la sienne... Je suis l'homme le plus heureux du monde... Approche ma douce, ma fleur, mon soleil, que j'effleure notre enfant. J'en deviens poète aussi !

Florence : - Pas ici, nous l'avions convenu.

Maître Pierre : - Où alors ?! Je suis quand même son papa à ce petit bout de chou qui m'a l'air bien vigoureux.

Florence, *apitoyée, s'approche* : - Allez, une main.

*Le notaire, la main gauche sur le ventre de sa belle-fille est aux anges. On frappe.*
*Entre Yvonne. Le notaire, tout à son émerveillement, n'avait pas entendu frapper. Il sursaute, comme pris en faute.*

Yvonne : - Oh !... Le notaire a beau être votre beau-père, je ne pense pas que cette attitude soit bien convenable.

Maître Pierre, *soudain en colère* : - Madame, tu m'emmerdes.

Yvonne : - Oh !

Maître Pierre : - C'est la première fois de ma vie que je touche le ventre d'une femme enceinte. La première ! A soixante-cinq ans ! Il est certains sujets sur lesquels je vous prierais de tourner trente-sept fois votre langue avec d'ouvrir la bouche. Et qu'on n'aborde plus le sujet ! Silence !

Yvonne : - Mon Dieu (*elle joint les mains*) 124... 124... Mes calculs astrologiques sont à 124.

Florence, *en souriant* : - C'est la troisième fois cette année que vous paniquez à cause de vos calculs... Et que je sache, les deux premières fois, la terre ne s'est pas arrêtée de tourner. Elle tourne même sans jamais dévier de sa route, elle !

Yvonne : - Ma fille... Ma fille... Dieu vous pardonne... Vous ne savez pas tout... Heureux les innocents...

*Florence la fixe.*

Florence, *en souriant* : - Vous devriez prendre du Prozac, comme vous l'a prescrit le docteur.

Yvonne : - Le docteur, oh ma fille, si vous saviez ! Des mises en garde ! Pour annoncer un engrenage. Et l'inéluctable avance pas à pas... Mon Dieu... 124 était sorti deux fois aussi avant...

*Le notaire fait un geste de la main pour sa belle-fille, en direction de son épouse, signifiant : elle est folle.*

Yvonne : - Je n'y avais pas fait attention, la première fois... J'étais à l'âge de l'ignorance.

Maître Pierre : - Madame, vous divaguez. Laissez-nous travailler.

Florence, *en souriant* : - Je crois que ce midi nous mangerons des sardines... Heureusement, l'armoire est pleine de cakes ! Je suppose, madame Yvonne, que vous préférez retourner vous coucher...

Yvonne : - Ne souriez pas ma fille... N'ironisez pas ainsi ma fille... Oui ma fille... Je n'ai plus que cela à faire... Ne souriez pas... Vous ne savez pas sur qui va tomber la foudre aujourd'hui... Je ne peux m'opposer à l'inéluctable... J'ai pourtant tout essayé... J'ai fait une neuvaine, brûlé des cierges, prié Saint Benoît, Saint Christophe ! Notre Saint Jean-Gabriel Perboyre. J'ai même interpellé notre regretté Jean-Paul II, le Saint Homme... (*elle joint les mains*) Je m'en remets à ta volonté, Seigneur.

*Elle fixe une toile (un château), se signe puis sort en courant.*

Maître Pierre : - Si on ne la connaissait pas, elle nous donnerait le cafard.

Florence : - Pauvre femme... Où mènent les superstitions ! Mais qu'y a-t-il dans le coffre-fort ? (*le montrant de la tête*)

Maître Pierre : - Pourquoi me poses-tu cette question ?

Florence : - Je ne t'ai jamais vu l'ouvrir... Yvonne a fixé avec une telle intensité le tableau, j'en conclus qu'elle scrutait derrière la toile.

Maître Pierre : - La pierre.

Florence : - Oh ! La pierre ! Vous gardez dans votre coffre la pierre qui a tué son amant.

Maître Pierre : - Je l'ai cachée là le premier jour. A cause du sang. Je souhaitais la jeter dans la Garonne. Et les années sont passées. Le temps passe si vite quand...

Florence : - Il faut le faire. Vous ne pouvez quand même pas garder cette pierre alors que Marcel...

Maître Pierre : - J'ai bien réalisé l'acte de ce Ternoise, je peux jeter cette pierre.

Florence : - Montre-la moi.

Maître Pierre : - Ça non !

Florence : - Et pourquoi ? Puisque tu vas la jeter, j'ai le droit de la voir.

Maître Pierre : - Tu oublies ton état ! Tu crois que je me le pardonnerais si je te causais un choc !

Florence : - Bon... Parfois tu as raison ! Mais tu me promets de la balancer aujourd'hui.

Maître Pierre : - Je vais à Montauban cette après-midi... Je crois d'ailleurs que je vais partir tout de suite et me payer le restaurant.

Florence : - Alors je mangerai des sardines seule.

Maître Pierre : - Votre mari doit rentrer ce midi.

Florence, *en souriant* : - Je l'oubliais lui !... Je vous laisse donc vous préparer.

*Elle fait deux pas vers la porte.*

Florence : - Bon courage.

Maître Pierre : - Merci Flo... Je te rapporte une bouteille de Sauternes ?... Et un peu de foie gras ?...

*Elle lui envoie un baiser, sourit et sort.*

Maître Pierre : - Cette pierre n'a plus rien à faire ici. J'ai quand même été imprudent de la garder. Je vis dangereusement ! Comment aurais-je expliqué le sang de cet idiot sur une pierre dans mon coffre-fort ! (*en souriant*) Personne n'aurait osé demander l'ouverture du coffre-fort du notaire !

*Tout en parlant, il se lève, va au coffre-fort, retire le tableau, le pose sur une chaise, prend son trousseau de clés, ouvre le coffre-fort et caresse la pierre.*

Maître Pierre : - J'ai ici assez de secrets pour déclencher une guerre civile dans le canton... L'arme fatale !

*Marcel entre sans frapper, une bouteille de whisky en main, claque la porte, titube, regarde vers le bureau et ne voit pas le notaire.*

Marcel : - Où il est, où il est ! Il est pas là, ce salaud.

*Le notaire le regarde sans comprendre.*
*Marcel donne un coup de pied dans le bureau, renverse une chaise. Avec sa bouteille de whisky il jette par terre quelques dossiers ; elle se renverse sur le bureau. Il se retourne, fait deux pas vers la porte du secrétariat, et aperçoit le notaire.*
*Marcel se précipite vers lui, en titubant.*

Marcel : - Salaud.

Maître Pierre : - C'est à ton père que tu t'adresses ainsi.
Veux-tu t'excuser immédiatement.

Marcel : - Maman m'a tout raconté. Salaud. Assassin.

*Marcel attrape le notaire par la cravate, le pousse contre le mur.*

Maître Pierre : - Hé doucement... (*il repousse Marcel qui continue à le tenir du bout des bras*) Ta mère est très perturbée ce matin... Tu ne connais pas très bien les femmes... Mais il y a des périodes où elles sont sujettes à certaines vapeurs... (*Marcel le fixe dans les yeux*)

Marcel : - Salaud, assassin.

Maître Pierre : - Tu as fêté ton départ de Cahors... Allez lâche-moi... Sinon je vais devoir te faire une prise de judo... Il faudra que tu te modères un peu niveau boissons quand...

*Marcel voit la pierre dans le coffre, pousse le notaire qui se cogne contre le mur, il prend la pierre dans le coffre et fonce sur le notaire, lui fracasse la tête. Le notaire n'a même pas le temps d'esquisser un geste.*

*Maître Pierre s'effondre en bredouillant « Flo. »*

*Florence entre, hurle « non ! »*

### Rideau - Fin

# Les secrets de maître Pierre, notaire de campagne

## Trois femmes, deux hommes

Marcel et Stéphane sont joués par le même acteur, ce qui donne « un air de famille » à l'amant de Florence.

Marcel intervient en fin d'acte 2 et en toute fin d'acte 3 (pour le coup de théâtre du final), alors que Stéphane n'est présent qu'au début de l'acte 3.

# Les secrets de maître Pierre, notaire de campagne

*Tragicomédie en trois actes*

**Distribution : quatre femmes, trois hommes**

La vie dans une petite étude notariale de province, avec le vieux maître Pierre accroché à son poste, refusant de passer la main à son fils... mais posant régulièrement ses mains sur sa belle-fille. Ce qui ne constitue pas le plus grand secret de sa vie. Une belle-fille officielle au cœur d'un imbroglio sentimental que seul des tests ADN pourraient démêler... De qui sera l'enfant ? Son mari, son beau-père ou un troisième homme ? Madame Machiavelle choisira. Et du coffre-fort sortira une vieille pierre, le grand secret de cette famille...

Maître Pierre, notaire, soixante-cinq ans, léger embonpoint
Yvonne, sa femme, soixante ans
Marcel, fils du notaire, trente-huit ans
Florence : épouse de Marcel, trente ans
Madame le maire du village, la cinquantaine prétentieuse
Madame Deuly : visiteuse en recherche d'une maison dans le bourg, trente ans
Stéphane Ternoise, écrivain indépendant, approche quarante ans.

# Acte 1

*Un petit village du sud-ouest. L'étude de maître Pierre. Meubles anciens. Un bureau avec le fauteuil directeur du notaire. Deux chaises devant le bureau et quatre entre les deux portes, la première donnant sur l'extérieur (via un couloir), l'autre sur le secrétariat. Aux murs, quelques tableaux, scènes de chasse et châteaux.*

*Debout, Florence et Yvonne, des papiers en main.*

Yvonne : - Que se passe-t-il, Florence ?

Florence : - Comment avez-vous deviné que j'allais vous poser une question importante ?

Yvonne : - Yvonne ne dit rien mais elle devine tout.

Florence : - Oh !

Yvonne : - Comment oh !...

Florence : - Je voulais dire ah !

Yvonne : - Ah !

Florence : - Bref... Vous savez et il faut que je sache ! Je suis mariée avec votre fils depuis trois ans, professionnellement comme personnellement, vous savez pouvoir compter sur moi, bref, je dois tout savoir désormais. Pourquoi votre mari refuse de lui laisser l'étude ?

Yvonne : - Ah !

Florence : - Comment ah !

Yvonne : - Ah ! Mon fils ! Mon petit trésor !

Florence : - Il a maintenant 38 ans, l'ensemble de ses diplômes. Il a montré ses compétences à Cahors. Madame Yvonne, j'ai le droit de savoir. Je sens comme un secret planer au-dessus de cette maison.

Yvonne : - Ah ! Demandez au seul maître dans cette étude.

49

Florence : - Je suis sa secrétaire.

Yvonne : - Pas toujours.

Florence, *troublée* : - Mais quand je ne suis pas sa secrétaire... Il me parle comme à une enfant.

Yvonne : - Ah !

Florence : - Comment ah !

Yvonne : - Je voulais dire hé !

Florence : - Il faut que je sache la vérité. J'ai parfois l'impression que votre mari n'aime pas votre fils.

Yvonne, *qui fixe sa belle-fille avec surprise* : - Ah !

Florence : - Vous voulez dire hé ?

Yvonne : - Bref. Demandez à votre beau-père.

Florence : - Vous savez bien qu'il répond toujours la même chose : « *Hé ! Je suis en pleine forme. Votre mari apprend son métier. Hé ! Si j'abandonne l'étude, il en est certains qui n'hésiteront pas à essayer de me pousser dehors de ma fonction de premier adjoint au maire et de représentant au conseil intercommunal.* » On dirait qu'il a enregistré un disque et me le repasse à chaque question.

Yvonne : - J'entends la Mercedes de monsieur.

Florence : - Déjà !... Un jour il faudra que je sache tout.

Yvonne : - Ah ma fille ! Si vous pensez être la seule personne qui voudrait tout savoir dans cette vallée de larmes.

*Maître Pierre entre, pose sa veste sur le dossier d'une chaise tout en commençant à parler.*

Maître Pierre : - L'idiot ! Il m'appelle sur mon portable pour me demander pourquoi je ne l'ai pas informé de ce projet de ligne à Très Haute Tension... J'ai failli lui répondre « *je ne suis pas le journal télévisé, mon cher monsieur.* »

Florence : - Alors vous lui avez conseillé de revendre

immédiatement !... Ce qui nous fera une nouvelle commission.

Maître Pierre : - Hé ! Florence ! Que se passe-t-il ici ?

Florence : - Naturellement vous lui avez répondu que la ligne ne se fera pas. Que vous en avez encore parlé samedi avec votre ami le vénérable et vénal conseiller général.

Maître Pierre : - Exactement. Hé ! Pardi ! C'est la stricte vérité.

Yvonne : - Et bien sûr, personne n'ajoute que cet idiot se fout de nous, qu'il affirme la main sur le coeur une chose aux opposants à la Haute Tension mais reste copain cochon avec monsieur le président de son parti de notables, ce président de Conseil Général, ce complice d'une centrale nucléaire qui lui permet de vivre comme un nabab, d'entretenir sa bande de béni-oui-oui. Hé !, elle est belle la gauche !

Maître Pierre : - Oh Yvonne ! Que se passe-t-il ici ?

Yvonne : - Hé ! Parfois il faut que ça sorte ! Il m'énerve votre ami. Je ne voterai plus pour lui.

Maître Pierre : - Et pour qui veux-tu voter ?

Yvonne : - Hé ! Je voterai blanc.

Maître Pierre : - Bah ! Ça ne change rien.

Yvonne : - Hé ! Je voterai rouge.

Maître Pierre : - Si ton père t'entendait !

Yvonne : - Je voterai vert.

Maître Pierre : - Mais que se passe-t-il donc ici ? C'est la révolution de palais ou quoi ? Quelqu'un a téléphoné ? (*en souriant*) Nous n'avons quand même pas un contrôle fiscal !

Yvonne : - J'ai quand même parfois le droit de m'exprimer.

Maître Pierre : - Exprime-toi, exprime-toi, nous sommes en famille. Ils nous emmerdent avec cette ligne. Nous pensons tous la même chose ici. Vivement qu'elle soit

faite, qu'on touche les primes de l'EDF et que les fous vendent, que les affaires repartent. C'est un peu mou en ce moment, tu ne trouves pas ?

Yvonne : - Il est passé des jeunes, des nordistes, ils cherchent une maison pas chère et habitable.

Maître Pierre : - Pas chère, pas chère ! Mais ce canton ne va quand même pas devenir un refuge de rmistes !

Yvonne : - Ils repasseront cette après-midi. J'ai pensé que la maison en face du marginal pourrait leur convenir.

Maître Pierre : - Ne me parle plus de lui ! Tu ne sais pas qu'il a écrit une chanson contre la ligne ! Il rime pognon et haute tension. Oh ! Il commence à nous énerver avec ses sites Internet, celui-là ! Il va bientôt se retrouver avec un contrôle fiscal ! Il devinera peut-être de où ça vient. Si au moins la ligne nous en débarrassait ! Vivement qu'on la fasse cette ligne ! Après tout, il y en a partout ! Quand elle sera plantée, au moins les gens n'en parleront plus et les prix repartiront. Elle s'insérera discrètement dans le décor, et personne ne la remarquera, je vous le parie.

Florence : - Je suis contre.

Maître Pierre : - Hé ! Vous vous lancez dans la politique, maintenant, Florence !

Florence : - Réfléchir est un droit. Même pour une femme ! Ça concerne mon avenir aussi cette ligne. Et celui de vos petits-enfants.

Maître Pierre : - Oh !... Je ne peux décidément pas vous laisser deux heures !... J'ai du courrier à vous dicter, Florence.

Florence : - Je vous écoute, maître Pierre.

Maître Pierre : - Florence !

Florence : - Oh ! C'est sorti tout seul ! Je suis presque confuse ! Quand même pas désolée !

Maître Pierre : - Si on se paye ma tête dans cette maison,

je voudrais comprendre quelle mouche vous a piquées (*il prend sur son bureau une tapette tue-mouche*).

Yvonne : - Je te laisse à ton sport favori. Faites attention aux balles perdues, Florence.

Maître Pierre, *à Florence* : - Mais elle a regardé une émission humoristique, votre belle-mère !

*Yvonne sort.*

Maître Pierre, *s'asseyant, doucement* : - Vous avez eu une dispute, ma douce Flo ?

Florence : - Ce n'est plus tenable cette situation. Je souhaite que tu transmettes l'étude à Marcel.

Maître Pierre : - Hé ! Hé ! Marcel, Marcel, c'est encore un enfant. Hé ! Je suis en pleine forme ! Je ne suis pas agriculteur !

Florence, *qui l'interrompt* : - Ce n'est plus possible cette situation. Sinon je quitte l'étude.

Maître Pierre : - Oh ma Flo.

Florence : - Je ne suis pas ta Flo !

Maître Pierre : - Florence... Ne dites pas de bêtises (*il pose sa main droite à hauteur du cœur*) Mon cœur s'emballe rien qu'à ces mots.

Florence : - Marcel est exaspéré. Il ne comprend pas pourquoi vous ne l'aimez pas.

Maître Pierre : - Exaspéré ! Ah !

Florence : - Des ah ! Des oh ! Des hé ! J'en entends à longueur de journée !

Maître Pierre : - Hé ! C'est cela une famille ! On finit par avoir des expressions communes.

Florence : - Bref, vous allez un jour la lui transmettre, cette étude ? Ne tournez pas autour du pot, comme dirait ma copine Corinne ! Oui ou non ?

Maître Pierre : - Hé ! Pardi ! Naturellement. Il le faudra bien !

53

Florence : - Et quand ?

Maître Pierre, *fixe Florence* : - Approche.

Florence : - Ce n'est pas nécessaire.

Maître Pierre : - Les murs ont parfois des oreilles.

*Florence a une moue de désapprobation mais avance. Le notaire pose sa main gauche sur le ventre de sa belle-fille. Qui recule d'un pas.*

Florence : - Ah non ! Nous étions d'accord ! Jamais ici.

Maître Pierre : - Bon, j'attendrai mercredi.

Florence : - Je ne sais pas s'il y aura encore un mercredi.

Maître Pierre : - Oh !

Florence : - C'est comme ça !

Maître Pierre : - Ah ! J'ai toujours su qu'un jour il faudrait tout te raconter !... Hé ! Pourquoi pas maintenant !

*Silence. Florence regarde le notaire en se demandant quel nouveau stratagème il invente. Elle croise les bras.*

Maître Pierre : - Je suis d'accord pour laisser l'étude à ton mari fin décembre. En associé naturellement. Je ne vais quand même pas faire comme ces idiots qui prennent leur retraite en vociférant « *c'est mon droit* » et passent leurs journées sur un terrain de pétanque à regretter le temps du travail. Et ils meurent d'un cancer six mois plus tard, tellement la retraite les a détraqués.

*Silence.*

Florence : - Associé avec maître Marcel donc.

Maître Pierre : - Tout ce qu'il y a de plus légal. Les papiers sont d'ailleurs prêts. Nous n'avons plus qu'à les parapher et remplir toutes les conditions.

Florence : - Je les attendais, les « conditions. »

Maître Pierre : - Je suis d'accord pour vous assurer une rente mensuelle.

Florence, *en souriant* : - La grâce vous a visité !

Maître Pierre : - Ça ne dépend que de toi.

Florence : - Je m'attends au pire.

Maître Pierre : - Comment me considérez-vous, Flo ! Moi qui n'aime que toi.

Florence : - Je vous écoute.

Maître Pierre : - Nous allons avoir un enfant.

Florence : - Oh !

*Florence s'évanouie. Le notaire se précipite.*

Maître Pierre : - Ma belle. Ma belle (*il lui tapote le visage, l'embrasse*).

Florence, *ouvre les yeux* : - Vous êtes fou.

*Le notaire l'embrasse.*

Florence, *se retourne* : - Arrête. Tu es fou.

Maître Pierre : - Je ne t'ai pas obligée à t'allonger sur la moquette comme dans mes rêves.

Florence : - Tu es fou.

Maître Pierre : - J'ai mes raisons.

Florence : - C'est du sadisme ! Tu voudrais que Marcel croit être le père de son demi-frère. Mais tu es fou.

Maître Pierre, *après s'être relevé* : - Non !

Florence, *se relève :* - Tu voudrais être le père de ton petit-fils... Mais je deviens folle aussi d'imaginer ce que cette infamie donnerait (*elle s'assied*).

Maître Pierre, *semble réfléchir, puis* : - Notre enfant ne serait pas le demi-frère de ton mari.

Florence : - Ne m'embrouille pas ! As-tu déjà vu un enfant dire pépé à son papa. Dire papa à son frère !

Maître Pierre, *réfléchit puis* : - Notre enfant n'aurait aucun lien de véritable parenté avec ton mari.

Florence : - Parlons d'autre chose, c'est non.

Maître Pierre : - Tu n'as donc rien compris.

Florence : - J'ai compris que tu es fou... Déjà de forcer ta belle-fille à... À avoir de telles relations.

Maître Pierre : - C'est presque un autre sujet. Nous y trouvons tous les deux des avantages.

Florence : - J'ai honte le soir au côté de Marcel. Vous lui plantez un couteau dans le dos.

Maître Pierre : - La justice.

Florence : - Tu es fou.

Maître Pierre : - Tu n'as donc rien compris.

Florence, *se lève* : - Ah tu m'énerves ! C'est la deuxième fois en trente secondes que tu me balances ton « *tu n'as rien compris.* » Comme si j'avais cinq ans !

Maître Pierre, *calmement* : - Tu crois qu'un homme comme moi aurait pu coucher avec la femme de son fils.

Florence : - C'est pourtant le cas.

Maître Pierre : - Non.

Florence, *se rassied* : - Comment non ? Mais j'hallucine ! Tu divagues ! Tu es fou Pierrot ! Tu t'es entendu ! Non ! (*silence*)

Maître Pierre : - Tu commences à comprendre ?

Florence : - Il est temps que tu me confesses tout, je sens tellement une odeur de secret dans cette maison.

Maître Pierre : - Tu as déjà trouvé une ressemblance entre moi et ce Marcel ?

Florence : - Oh ! (*proche de s'évanouir de nouveau, se retient au bureau*)

Maître Pierre : - Hé ! Tu l'as dit, « Oh ! »

Florence : - Votre fils n'est pas votre fils !

Maître Pierre : - C'est le fils de ta belle-mère.

Florence : - Et vous avez épousé Yvonne pour obtenir l'étude en dot.

Maître Pierre, *effondré* : - Florence, vous me croyez à ce point intéressé.

Florence : - Ne me cachez plus la vérité. Les mots ne servent pas qu'à mentir. On ne battit rien de sincère, de solide sur le mensonge.

Maître Pierre : - Cocu.

Florence : - Oh !

*Silence.*

Maître Pierre : - Le cocu du village.

Florence : - Oh ! Vous !

Maître Pierre : - Tu n'as jamais remarqué les petits sourires.

Florence : - Si vous croyez que j'accorde une quelconque importance aux sourires de ces gens.

Maître Pierre : - Sinon je serais maire.

Florence : - Je croyais que ça ne vous intéressait pas.

Maître Pierre : - Quand un si petit village a la chance d'avoir un notaire, il le nomme maire... Les élections ne devraient même pas exister dans ce cas-là. Et je suis l'éternel premier adjoint. Les emmerdes jamais les honneurs. TSC ! Tout Sauf le Cocu !

Florence : - Oh !

Maître Pierre : - Tu crois pas que ç'aurait été ma place, quand l'autre idiot s'est tué en mobylette ?

Florence : - Je croyais que c'était toi qui avais suggéré que sa veuve lui succède. La veuve d'un homme décoré ! On aime les médailles au village !

Maître Pierre : - Tu n'as quand même pas cru cela ! Elle était belle sa décoration ! Si je te racontais combien il a payé pour l'obtenir ! Son père était simple boulanger, et même pas le meilleur du canton, tu vois un peu la famille.

Florence : - Madame vous a… Oh !

Maître Pierre : - Trois mois après notre mariage.

Florence : - Oh ! Je ne pourrai jamais plus la regarder en face.

Maître Pierre : - Une passion. Une passion qu'elle a pleurniché. Après.

Florence : - Et vous les avez surpris ?

Maître Pierre : - Derrière la haie de buis.

Florence : - « *N'ouvrez jamais cette porte, ça porte malheur.* »

Maître Pierre : - Hé oui, devant le puits.

Florence : - Mais pourquoi ne pas avoir divorcé ?

Maître Pierre : - On ne divorçait pas en ce temps-là. On réglait ses affaires en famille.

Florence : - Pour l'étude.

Maître Pierre : - Oh Florence, vous me croyez vraiment…

Florence : - Je ne peux pas croire que ce soit par amour.

Maître Pierre : - L'amour, l'amour… Même si ça te semble impensable, j'ai aimé la mère de ton mari.

Florence : - Et elle ?

Maître Pierre : - Elle a hurlé.

Florence : - Hurlé ?

Maître Pierre : - Je n'ai plus rien à te cacher… Je lui ai fracassé la tête.

Florence : - Vous !

Maître Pierre : - Un notaire peut tuer.

Florence : - Vous êtes un assassin.

Maître Pierre : - On n'est pas un assassin quand on tue l'amant de sa femme.

Florence : - Et vous avez été condamné ?

Maître Pierre : - Tu sais bien que c'est un secret. Naturellement le docteur a attesté la chute de cheval. Il s'est débrouillé pour me faire signer un acte antidaté juste avant, donnant-donnant, tu vois. Le fils du médecin est médecin aussi et il vit dans un château. Tu sais maintenant comment ce château est entré dans sa famille. Mais lui, tout le monde a murmuré, « *il est malin.* » Elle ne trompe que toi et son fils, ta belle-mère, quand elle pleure au cimetière.

Florence : - Oh !

Maître Pierre : - Tu sais tout.

Florence : - Mais comment pouvez-vous être vraiment certain que Marcel ne soit pas votre fils ?

Maître Pierre : - Tu veux vraiment que j'entre dans les détails ?... (*silence... oui de la tête de Florence*) Quelques semaines après notre mariage, à mon grand désespoir, nous faisions déjà chambre à part, Yvonne prétendait souffrir d'atroces migraines dès que je l'approchais.

Florence : - Vous voulez dire qu'entre vous et madame !...

Maître Pierre : - La vie est rarement la vie rêvée. On a vingt-six ans, on épouse la fille du notaire, on devient notaire. Et il suffit qu'un étranger vienne s'installer au pays, qu'il sache bien chanter et tout s'effondre.

Florence : - Si j'ai un enfant de mon mari, il appellera pépé l'homme qui a tué son vrai pépé.

Maître Pierre : - Tu ne vas quand même pas me reprocher d'avoir réagi en homme.

Florence : - Il vous suffisait de divorcer et l'affaire était réglée. Entre gens civilisés on sait que toutes nos attractions ne sont que des réactions chimiques.

Maître Pierre, *sourit* : - Réactions chimiques ! Où vas-tu chercher tout ça !

Florence : - L'amour, les sentiments, tout ça, oui tout ça, notre vie, ce n'est qu'une suite de réactions chimiques. Heureusement l'esprit peut quand même se construire des notions d'équité, d'intégrité, de dignité. Et toute société tente d'inculquer des règles morales qui ne sont qu'une manière de vivre ensemble sans se dévorer.

Maître Pierre : - Comme tu parles bien, ma Flo.

Florence : - Il est vrai que c'est insupportable pour vos idées judéo-chrétiennes, que nous ne soyons qu'un conglomérat d'atomes...

Maître Pierre : - Tu vois bien qu'il vaut mieux avoir un enfant de moi. Ainsi tu sauves tout, le cocu n'est plus cocu. Moins un par moins un, égal un.

Florence : - La vie ce n'est pas des mathématiques.

Maître Pierre : - Tu me laves le déshonneur. Tu rends propre le nom de ton enfant. Notre enfant sera l'enfant de la justice.

Florence : - Et Marcel ?

Maître Pierre : - Marcel est une erreur. Il ne saura jamais, ce sera notre secret. Tu pourras même divorcer ensuite si tu le souhaites. Je signerai les papiers nécessaires pour que l'héritier de l'étude soit notre fils.

Florence : - Et si c'est une fille !!!

Maître Pierre : - Hé ! Je suis large d'esprit ! Elle sera héritière.

Florence : - Ce que tu me demandes est ignoble.

Maître Pierre : - Tu ne peux plus répondre ça maintenant que tu sais.

Florence : - Mais comment vais-je pouvoir regarder Marcel en face ?

Maître Pierre : - Il te suffit d'arrêter la pilule et dans trois mois tu lui lanceras qu'il devrait rentrer plus souvent ivre, comme le soir où vous aviez eu des... des relations.

Florence : - Comment savez-vous qu'entre Marcel et moi ce n'est pas...

Maître Pierre : - Tu sais bien que votre chambre est juste derrière la petite salle me servant parfois de bureau.

Florence : - En plus tu m'espionnes !

Maître Pierre : - Hé ! Quand on aime quelqu'un, ce n'est pas l'espionner que de passer la nuit à écouter sa respiration.

Florence : - Ne joue pas les romantiques.

Maître Pierre : - Tu as sauvé ma vie, Flo.

*On frappe.*

Maître Pierre : - Entrez.

*Entre Yvonne*

Yvonne : - J'ai besoin de tes bras, Pierrot.

Maître Pierre : - Tu vois bien que nous sommes en plein travail. Ça ne peut pas attendre les bras du fiston ?

Yvonne : - Premièrement, je n'ai pas l'impression que vous soyez en plein travail, deuxièmement, si tu veux manger ce midi.

Maître Pierre, *se lève* : - Bon, bon (*à Florence*) sortez le dossier et rédigez le préaccord.

*Florence se lève… Et dès que tout le monde est sorti, va s'effondrer dans le fauteuil du notaire.*

Florence : - Je fais quoi, moi, maintenant ? Si je ne couche plus avec lui, fini le fric. Une femme a besoin d'une cagnotte dans ce pays ! Mais avoir un enfant de lui ! Oh non ! Et ne pas en avoir ? Est-ce que Marcel m'en fera un, un jour ? Visiblement, le sexe et lui, ça fait deux. Alors ?… Voilà ce qui arrive quand on est pauvre et qu'après des études sans débouchés, on se laisse convaincre qu'un mariage d'intérêt est finalement préférable à une vie de caissière.

**Rideau**

# Acte 2

*Même décor, le notaire dans son fauteuil, Florence assise sur l'une des chaises devant le bureau.*
*Le notaire lit une lettre à haute voix.*

Maître Pierre : - Madame le maire,

En octobre de l'année dernière, vous aviez jugé ma demande conforme aux intérêts de la commune. Je souhaitais simplement acquérir quelques mètres carrés devant chez moi, afin d'y réaliser un trottoir et une entrée digne de notre historique commune. Ce qui n'influerait guère sur la taille de la place du cimetière ni sur sa capacité d'accueil des voitures. Qui plus est, mes travaux embelliraient le bourg.

Après votre accord de principe, cette demande a soulevé des oppositions en votre vénérable conseil municipal.

Je me permets donc de réitérer cette requête, cette fois de manière officielle, par lettre recommandée.

Ainsi, soit ma demande sera acceptée, soit les motifs du refus seront communiqués. Les deux issues permettront de mettre fin à certaines rumeurs sur une décision politique, ou celle d'une vengeance personnelle suite à une tentative d'arnaque ayant échoué...

Naturellement, si vous jugez préférable, afin d'éviter toute remarque d'un enrichissement grâce à ses fonctions, que cette transaction s'effectue ailleurs qu'en l'étude de votre premier adjoint et néanmoins notaire en notre charmante commune, je m'engage à prendre en charge nos frais de déplacement chez le notaire compétent et intègre de votre choix.

Veuillez agréer... Etcetera...
*Silence.*

Maître Pierre : - Vous vous rendez compte, Florence, le petit con.

*Florence sourit.*

Maître Pierre : - Ça vous fait sourire, Florence !

Florence : - C'est bien tourné. Des sous-entendus précis, évidents, mais aucune diffamation.

Maître Pierre : - Bien écrit ! Hé ! Il n'est pas gêné, il est écrivain ! Il devrait avoir honte d'utiliser sa profession pour ainsi m'attaquer, « *tentative d'arnaque ayant échoué !* » Le scélérat ! Le petit con !

Florence : - Vous avez bien utilisé votre position pour vous venger !

Maître Pierre : - Florence ! Vous n'allez quand même pas me critiquer ! Jamais ! Tu m'entends ! Jamais il ne les aura ses trente mètres carrés. Même dix, même cinq, moi vivant, ce sera toujours non !

Florence : - Et si le conseil municipal juge sa demande recevable ?

Maître Pierre : - Tu sais bien que cette pauvre femme n'a que le titre de maire, qu'elle n'y connaît absolument rien à la gestion de notre commune, qu'en conséquent elle n'a absolument rien à me refuser.

Florence : - Mais si elle te demande tes raisons ?

Maître Pierre : - Hé ! Est-ce que moi je lui demande ses raisons ? Les raisons de Christine sont les plus connues du canton.

Florence : - Tu es vraiment rancunier !

Maître Pierre : - Rancunier, moi ? Jamais ! (*en souriant*) Comme un homme ! Si comme tout poète digne de ce nom il se suicide, je suis d'accord pour rebaptiser une rue et prononcer un éloge funèbre. La mort absout de tout. Même du manquement à sa parole. J'ai de la religion, Florence, tu sais.

Florence : - Oh ! Vous souhaitez sa mort !

Maître Pierre : - C'est bon pour le tourisme d'avoir eu un poète ! Nous manquons d'attractivité ! Et il m'avait promis ma commission. Entre hommes, l'engagement passe avant le droit.

Florence : - Mais tu sais bien qu'elle n'était pas légale !

Maître Pierre : - Quand on promet on s'engage !

Florence : - Tu sais bien qu'il n'est pas fou. S'il ne t'avait pas promis ta petite commission sans facture tu l'aurais pigeonné !

Maître Pierre : - Les affaires sont les affaires ma fille ! Tu n'es pas née de la dernière pluie.

Florence : - Parlons donc de notre contrat.

*Le notaire soupire, en souriant, prend dans sa poche son trousseau de clés, ouvre un tiroir, en sort une chemise verte et la tend à Florence.*

Florence, *se lève* : - Bien, maître, je vais étudier cela comme un acte des affaires sont les affaires !

Maître Pierre : - Hé ! Tu peux lire ici... Tu sais comme te regarder est un de mes grands plaisirs.

Florence, *en souriant* : - Comme tu l'as si bien exprimé et comme je l'ai simplement répété : les affaires sont les affaires.

*Maître Pierre sourit, Florence sort.*

Maître Pierre : - Quelle femme ! Mais mon Dieu ! Comme c'est difficile de sauver sa vie ! « Pierrot aime l'argent ! » Ah ! S'ils savaient où va mon argent ! S'ils savaient ils diraient « Pierrot aime le cul. » Comme c'est difficile ! S'il savait le mal qu'il m'a fait ce Ternoise en me refusant ma petite commission. « Pierrot est le pire des magouilleurs. » Alors que je n'ai jamais réclamé plus que de nécessaire. Enfin (*il sourit*) tout s'arrange. Un enfant !

Je vais avoir un enfant ! Avec la plus belle femme du monde. J'aurai un véritable héritier ! J'ai quand même le droit aussi au bonheur. TSA, tout sauf l'assassin ! Mais je ne suis pas un assassin ! En période de guerre, les survivants sont décorés. C'est la loi qui est mauvaise ! Certains ont fait bien pire et pourtant, ils ont la légion d'honneur ! Je ne vais quand même pas porter ce fardeau toute ma vie ! Mais je les aurai à l'usure ! Je serai centenaire ! Ils seront tous au cimetière, ceux qui savent, ceux qui croient savoir, ceux qui ont deviné ! Je les écrase déjà par mon fric ! Je leur survivrai ! Je les enterrerai tous ! Et pourquoi ne le reconnaîtrais-je pas cet enfant ! Flo me prend pour un âne en matière scientifique... Mais je sais bien qu'avec un test ADN, je pourrais prouver qu'il n'est pas mon fils, cet idiot de Marcel, et prouver ma paternité ! Oh Flo ! Si je t'épousais, ma Flo ! Tant pis si la vieille se suicide ! Mon bonheur avant tout ! Et nous partirons de ce coin perdu ! Tu mérites mieux que tout ça, ma Flo...

*On frappe*

Maître Pierre : - Entrez.

*Yvonne entre.*

Yvonne : - Pierrot, il faut que je t'en cause... Car je suppose que tu n'as rien remarqué...

Maître Pierre : - Je t'écoute.

Yvonne : - Florence a l'air bizarre ces jours-ci.

Maître Pierre, *en souriant* : - Bizarre ? Tu as vraiment dit bizarre, comme c'est bizarre.

Yvonne : - N'ironisez pas. Elle nous cache quelque chose. Elle a changé.

Maître Pierre : - Florence est une jeune femme, elle ressemble plus à son époque qu'au village, nous avons eu son âge.

Yvonne : - Mais elle ne m'a pas dit bonjour depuis plus d'un mois ! On s'entendait si bien avant ! Du jour au lendemain !

Maître Pierre : - Votre fils lui a peut-être bredouillé des confidences sur l'oreiller !

Yvonne : - Oh !

Maître Pierre : - Quoi oh !

Yvonne : - Vous m'aviez promis, promis de ne jamais utiliser ce « votre. »

Maître Pierre : - Il faut donc croire que cette expression m'a échappé. Bref, votre bizarre ne méritait pas que vous délaissiez ainsi votre cuisine.

Yvonne : - Et d'ailleurs, que faites-vous ici à cette heure ?

Maître Pierre : - Hé pardi ! Je suis en mon étude. J'attends la clientèle.

Yvonne : - Et vous n'aviez pas rendez-vous avec le châtelain ?

Maître Pierre : - Oh zut ! (*il regarde sa montre*) Je me sauve… Vous direz à Florence que nous terminerons le dossier à mon retour…

Yvonne : - Naturellement… Florence connaît suffisamment son métier pour que je n'aie pas à lui préciser…

*Il est à un mètre de la porte donnant sur l'extérieur quand Florence, en colère, ouvre la porte secrétariat, tenant de la main droite le dossier.*

Maître Pierre : - Florence, j'ai rendez-vous avec le châtelain… Excusez-moi…

*Le notaire sort rapidement.*

Yvonne : - Vous entrez chez le notaire comme dans un moulin, sans frapper.

Florence : - Mais j'ai frappé, madame Yvonne. Peut-être devriez-vous consulter un spécialiste.

Yvonne : - Oh !

Florence : - Vous vouliez dire « *certes* », je suppose. Voyez donc un audioprothésiste.

Yvonne : - Oh ! Décidemment, cette journée n'annonce rien de bon. Mes calculs astrologiques se révèlent une nouvelle fois exacts. Puisque c'est ainsi, vous mangerez ce que vous trouverez, je vais me recoucher !

Florence : - Vous allez !…

Yvonne : - Oui Florence… La dernière fois que mes calculs astrologiques ont donné 124… Oh non ! Oh mon Dieu ! Quel drame va nous tomber dessus aujourd'hui ?

Florence : - Et qu'advint-il alors ?

Yvonne : - Vous êtes trop curieuse parfois, ma fille.

*Yvonne fait un pas en direction de la porte.*

Florence : - C'était le matin du puits.

*Yvonne vacille. Se retourne.*

Yvonne : - Vous venez de dire ?

Florence : - Je vous posais une question… La journée 124, c'était bien celle du puits ?

Yvonne : - Mon Dieu ! Mon Dieu ! (*elle s'effondre sur une chaise*)

Florence, *tente de la relancer (doucement)* : - Le puits…

Yvonne : - Qui vous a parlé du puits !

Florence : - Vous, Yvonne.

Yvonne : - Je ne vous ai jamais rien dit.

Florence : - Justement, il faudrait m'expliquer, sinon j'imagine.

Yvonne, *se lève* : - N'imaginez jamais Florence ! Tout le monde a ses secrets. Mon Dieu ! Et vous annoncerez aux

67

hommes que je suis souffrante, qu'il ne faut pas me déranger.

*Yvonne sort.*

Florence, *s'assied dans le fauteuil du notaire* : - Je devrais peut-être prendre mes jambes à mon cou et quitter cette maison de fous ! ... Ah non ! ... Quand même pas au moment où tout va s'arranger ! Il a intérêt de me la modifier cette petite phrase ! Il faut quand même qu'on se dépêche de passer une nuit ensemble ! (*Florence sourit*) Si dans deux siècles quelqu'un déterre toute cette famille pour des tests ADN, quel sac de nœuds ! Mais enfin, tout le monde sera heureux ! Le bonheur dans l'ignorance ! Marcel se demandera comment il a réussi à me faire un enfant mais il sera fou de joie ! Pierrot va triompher ! Et moi ! Je suis la reine Machiavelle ! Et en plus amoureuse ! Et si en plus c'était réciproque ? Pauvre notaire ! Encore une fois cocu ! Et cette fois avec son écrivain préféré ! ... Il avait tellement besoin d'être consolé ! ... Les hommes sont vraiment aveugles et naïfs. Encore attendre cette traînée incapable de rester fidèle trois mois en Ethiopie, quand je suis si près... Quelle grande dynamique ! Tu es mon ami, mon amour, mon amimour. Ah ! si notre câlin pouvait devenir quotidien... Calme-toi Flo... Personne ne doit deviner pour l'instant cet amour clandestin... Je divorcerai avec un pactole et on vivra ensemble, mon écrivain adoré. Mon amimour, notre Amour nous le vivrons au quotidien, ne t'inquiète pas, nous pouvons dire ou écrire mon chéri ou mon amour à d'autres et continuer notre grande dynamique. Ils ne peuvent pas nous comprendre...

*On frappe.*

Florence : - C'est ouvert.

*Entre Marcel (très efféminé).*

68

Marcel : - Oh Flo ! Toi dans le grand fauteuil de père ! Oh Flo ! S'il te voyait !

Florence : - J'ai autant droit à cette place que lui !

Marcel : - Oh Flo !

Florence : - Finalement, maître Pierre n'a jamais obtenu le moindre diplôme et tout le monde le croit notaire.

Marcel : - Oh Flo ! Père déteste qu'on l'appelle ainsi, tu le sais bien.

Florence : - Quoi, maître Pierre, ça swingue !

Marcel : - A son époque, tu le sais bien, tous les métiers s'apprenaient sur le tas. Il faut plutôt admirer son parcours.

Florence : - Tu l'admires vraiment ! Franchement ? Entre nous, dans le secret de ce confessionnal improvisé.

Marcel : - Oh Flo ! Tu plaisantes ? Avoir maintenue vivace cette étude à la campagne, c'est une véritable performance, tu le sais bien..

Florence : - Est-ce que tu m'aimes ?

Marcel : - Oh Flo ! Que se passe-t-il ?

Florence : - Tu ne m'écris jamais de grandes lettres d'amour.

Marcel : - Oh Flo ! Tu sais bien…

Florence : - Ça faisait si longtemps que nous n'avions pas fait l'amour.

Marcel : - Fait l'amour !

Florence : - C'est charmant ! Tu ne te souviens plus !

Marcel : - Oh Flo ! Mais si !…

Florence : - Tu étais vraiment ivre !

Marcel, *troublé :* - Je disais… Faire l'amour… C'est bien normal pour un jeune couple…

Florence : - Mais c'est rare.

Marcel : - Rare, rare… Tu comptes, toi ?

Florence : - Les doigts d'une seule main suffisent.

Marcel : - Oh Flo… Tu sais combien je suis harassé, vidé, toujours sur les routes… Et tu sais comme elles tournent, comme elles sont mauvaises. Et cette histoire d'étude me perturbe… Tu sais bien qu'il me faut au moins neuf heures de bon sommeil. Je me demande vraiment pourquoi père ne veut pas qu'au moins nous soyons associés. Je ne demande rien d'extraordinaire. Les collègues ont des petits sourires déplaisants quand ils me posent la question.

Florence : - Il suffirait que tu ne lui laisses pas le choix.

Marcel : - J'aimerais t'y voir !

Florence : - C'est simple : j'arrive, je m'assieds sur le bureau, je le regarde droit dans les yeux, je fredonne « tin tin tin. »

Marcel : - Tu sais bien que personne ne peut soutenir son regard !

Florence : - Un certain Ternoise l'a fait.

Marcel : - Ça ne lui a pas porté bonheur. Jamais il n'aura son trottoir.

Florence : - Moi aussi, si je veux, je soutiens son regard, au vieux.

Marcel : - Oh Flo !

Florence : - Alors, tu lui balances : « puisque tu souhaites travailler jusqu'à 96 ans, je vais reprendre une étude à Cahors. »

Marcel : - Et s'il me répond « bonne chance, le fiston. »

Florence : - Hé bien ! Nous partirons à Cahors ! Mais il n'osera jamais prendre ce risque (*sourire*), il sait bien qu'il te suffirait de quelques mois pour que ton étude prenne nettement plus d'importance que la sienne.

Marcel : - Je n'oserai jamais. Et tu sais bien que je ne ferai jamais rien qui puisse le contrarier.

Florence : - Tu as la possibilité plus radicale : tu descends une demie bouteille de whisky et tu l'attrapes par la cravate, tu lui cries dans les oreilles « tu signes ou je te casse la gueule. »

Marcel : - Oh Flo ! Où vas-tu chercher tout ça ? Parfois tu me fais frémir !

*On sonne.*

Florence : - Si c'est un client, tu tiens le rôle du notaire officiel. Je vais ouvrir. (*Florence se lève et sort, Marcel reste perplexe*)

*Quelques instants.*
*Du couloir :*

Florence : - Je vous en prie, madame, je vous suis.

*Entre madame Deuly, suivie de Florence.*

Madame Deuly : - Bonjour maître.

Marcel, *s'approchant et lui serrant la main* : - Bonjour madame. Que pouvons-nous faire pour votre service ?

Madame Deuly : - Comme je l'ai indiqué à votre secrétaire, je souhaite acheter une maison dans le village.

Marcel : - C'est un très bon choix, madame, un village très calme, très préservé. Avez-vous un budget précis, une recherche spécifique, une belle propriétaire Quercynoise ? Vous souhaitez vous installer en famille, je suppose.

Madame Deuly : - En fait, je souhaiterais acheter une maison au bourg.

Florence , *s'exclamant :* - Au bourg !

*Surpris de son intervention, ils la regardent.*

Florence : - Le bourg, ce ne sont que quelques maisons.

Madame Deuly : - Justement... mon ami y vivant (*Florence ne peut retenir un regard scrutateur*) D'ailleurs

71

je n'ai rien à vous cacher : je suis en instance de divorce, le juge va m'attribuer une somme rondelette, mon mari ayant signé le pré-accord. Avec cet argent je pense pouvoir acquérir la maison à vendre dans le bourg.

Florence : - Afin d'être proche de votre ami, si j'ai bien suivi... comme il n'y a qu'un seul habitant à plein temps dans ce bourg historique...

Madame Deuly : - Ma religion m'interdit de vivre avec une personne athée. Mais l'Amour est plus fort que ces convictions. Alors nous avons trouvé cette solution.

Florence : - C'est dommage madame. Mais cette maison n'est plus en vente. Nous devons signer dans quelques jours.

Madame Deuly : - Pourtant j'ai parlé au propriétaire la semaine dernière.

Florence : - Je suis désolée madame, vraiment désolée mais nous avons donné notre parole à un acheteur et comme vous le savez, la parole est d'or, on ne trahit pas sa parole même pour un beau sourire.

Madame Deuly : - Vous avez d'autres maisons à me proposer, dans le secteur ? En face, ce serait l'idéal mais quelques kilomètres, ce serait mieux que rien.

Marcel : - Je vous conseille de revenir cette après-midi, quand mon père sera présent, c'est lui le patron de cette étude, je suis son fils, notaire à Cahors. Tenez, voici ma carte personnelle (*il prend une carte dans la poche de sa chemise et la lui tend*), si vous souhaitez acheter sur Cahors, je suis à votre service. Mais pour le canton, mieux vaut que vous repassiez disons vers 15 heures, si cela vous convient ?

Madame Deuly : - 15 heures, oui, parfait.

Marcel : - Florence, vous voulez bien noter le rendez-vous sur l'agenda ?

Florence : - Naturellement, maître (*elle passe derrière le*

*bureau et note un mot qui doit être très court ... puis se*
*précipite à la porte)*

*Florence ouvre la porte derrière le dos de madame*
*Deuly et s'exprimera de manière très sèche.*

Florence : - Au revoir madame, je serai très heureuse de vous revoir cette après-midi, et ravi d'avoir fait votre connaissance.

Madame Deuly, *ayant sursauté au début de la phrase puis oscillé de Marcel à Florence* : - Au revoir maître. (*il lui tend la main, elle lui serre, se retourne et sort*)

Madame Deuly : - Au revoir madame.

Florence : - Comme vous connaissez le couloir et comme nous devons nous revoir si vous le souhaitez vraiment, je me permets de ne pas vous raccompagner (*elle referme brusquement la porte*).

Marcel : - Chérie, mais qu'est-ce qu'elle t'a fait ?

Florence : - Tu crois que maître Pierre va vouloir vendre cette maison à l'amante de son écrivain préféré ? Et c'est quoi, son histoire de religion ? Comme dirait Georges Frêche, elle n'a pas l'air très catholique, cette nana, elle serait une source d'ennuis dans le village.

Marcel : - Chérie, que se passe-t-il ? Pourquoi te mettre dans cet état pour une pauvre femme en instance de divorce, qui souhaite simplement acheter une vieille bicoque invendable, en face de l'homme, du marginal qu'elle semble aimer.

Florence : - Mais ce n'est pas n'importe quel homme !

### Rideau

# Acte 3

*Même décor. Le notaire derrière son bureau. Florence, enceinte, assise sur une chaise à la droite du bureau. Devant le bureau, assis : Madame le maire du village et Stéphane Ternoise. Florence, le plus discrètement qu'il lui est possible, le dévore régulièrement des yeux.*
*Madame le maire signe les feuillets d'une pochette verte.*

Madame le maire : - Et voilà, tout est en ordre. Une dernière signature. Encore une bonne chose de faite.

Maître Pierre : - Florence a rédigé l'acte, tout est donc parfait. Pour nous, un tel acte, c'est la routine, notre pain quotidien.

Madame le maire : - Enfin, je suis satisfaite que cette affaire se termine… (*se tournant vers Stéphane* :) je pense que certaines pages de certains sites Internet vont ainsi êtes positivement modifiées.

Stéphane Ternoise : - Vous savez… Je ne suis pas propriétaire de l'ensemble des sites Internet de la planète. Même pas de ceux de l'espace francophone. Qui plus est, même dans le canton, des voix divergentes peuvent s'exprimer ! Internet est un espace démocratique rarement présent en démocratie.

Madame le maire, *en souriant :* - Je vous fais confiance. Je crois que vous savez très bien les pages auxquelles je me réfère. Notre village a besoin d'entente cordiale, c'est aussi mon rôle d'apaiser les relations.

Stéphane Ternoise, *en souriant* : - Vous le savez bien, un écrivain se sert de sa vie comme source principale d'inspiration. Imaginez qu'un jour je me mette au théâtre et qu'une de mes pièces présente Madame le maire et monsieur le notaire d'un petit village du Quercy.

Maître Pierre : - Ce serait déloyal, monsieur.

Stéphane Ternoise, *très badin* : - Je sais naturellement que la loyauté est un des piliers de votre ordre.

Maître Pierre : - Je suis très heureux de vous l'entendre ainsi rappeler.

Stéphane Ternoise : - Mais l'écrivain n'a pas à se plier aux apparences, aux contingences, aux allégeances, il peut exposer le noyau noir de sa vie, et celui des autres. Chaque profession a ses grandeurs et ses bassesses.

Madame le maire : - La vie m'a appris qu'il est toujours préférable de ne pas généraliser.

Stéphane Ternoise : - Alors généralisons ! Car tous les métiers sécrètent une déformation professionnelle, les écrivains puisent dans leur vie, les viticulteurs vérifient du matin au soir si leur vin vieillit bien, les institutrices font des enfants, les voyageurs draguent les femmes seules, les fonctionnaires bougonnent et il est même des professions où l'on tente systématiquement d'obtenir un peu d'argent en liquide.

Madame le maire, *se levant* : - Maintenant que tout est ordre, nous n'allons pas vous déranger plus longtemps, maître…

Stéphane Ternoise, *se levant et se tournant vers Madame le maire* : - Ne vous inquiétez pas, Madame le maire ! Je parlais naturellement des agriculteurs et leur propension à vendre sans facture.

Madame le maire, *lui souriant* : - De part ma profession, j'avais saisi. Il est même des agriculteurs qui chaque année me demandent s'il n'y aurait pas un moyen de contourner la loi. Pour les subventions, ils veulent des factures mais quand il s'agit de gruger l'état, ils sont les premiers. Nous sommes passés depuis bien longtemps à la comptabilité réelle et ce genre de pratique est de l'histoire ancienne. Comme dans de nombreuses professions.

Stéphane Ternoise : - Ce qui n'empêche pas certains d'essayer !

*Maître Pierre se retient de réagir...*

Madame le maire : - Quand l'honnêteté y gagne, tout le monde est gagnant. *(se tournant vers le notaire, approchant sa main droite pour serrer celle de son premier adjoint)* Pierrot, on se voit demain soir au Conseil.

Maître Pierre : - Si notre Dieu à tous me prête vie ! Je n'ai jamais raté un Conseil depuis mon élection. Même avec 39,7 de fièvre, j'étais fidèle au poste. Je crois qu'un jour je mériterai une citation dans le livre des records.

Madame le maire : - L'homme le plus ponctuel du canton *(elle se tourne vers Florence et, lui serrant la main :)* Florence, vous allez donc bientôt laisser votre beau-père sans secrétariat.

Florence : - Il ne sera jamais seul ! Marcel débute en associé le vingt-trois.

Madame le maire, *se tournant vers le notaire :* - Alors c'est fait ! Le fiston revient au village.

Maître Pierre : - Je pensais vous l'annoncer au Conseil... Florence, vous m'avez grillé.

Florence : - Oh excusez-moi, désolée...

Madame le maire : - Je garde l'information pour moi. Case « confidentiel. » Je vous laisserai la parole à la fin du Conseil. Si vous le permettez je préparerai le champagne.

Maître Pierre : - Oh, ce n'est pas nécessaire, c'est dans l'ordre des choses, n'en faisons pas un événement.

Madame le maire : - Vous connaissez ma position : « il ne faut jamais rater l'occasion de servir le verre de l'amitié, il rapproche ainsi les gens, ressoude la sensation d'appartenir à une communauté, en un mot, l'amitié. »

Stéphane Ternoise, *voix faible, durant la respiration de Madame le maire* : - Surtout quand il est payé par la collectivité ! *(Madame le maire et maître Pierre font comme s'ils n'avaient pas entendu et Florence sourit)*

Madame le maire : - Enfin, Pierrot, nous en reparlerons et vous déciderez.

Stéphane Ternoise : - Tout est pour le mieux dans le meilleur des mondes.

Maître Pierre, *tout sourire* : - Vous l'avez dit !

Stéphane Ternoise, *serrant la main du notaire* : - C'est une réplique d'un ami, le sieur Voltaire. Un brave homme.

Maître Pierre : - Je m'en doutais.

Stéphane Ternoise : - Et maintenant que nous sommes voisins, nous pourrons dialoguer comme Candide et Pangloss.

Maître Pierre : - Je ne vais pas vous déranger ! Je ne vais pas déménager ! Mais le vieux Jeannot m'a tellement embêté que j'ai fini par l'acheter pour lui rendre service... C'est peut-être dommage, j'ai cru comprendre que votre fiancée aurait souhaité l'acquérir ensuite.

Stéphane Ternoise : - Oh, vous m'avez sûrement rendu service !

Maître Pierre, *dans un élan de sincérité* : - Je ne pensais pas vous rendre service !

Stéphane Ternoise : - Comme je raconte ma vie dans mes livres, je peux vous annoncer en exclusivité : draguée par un vieux séducteur dans l'avion Addis Abeba – Paris, elle m'a durant deux mois relégué d'amant officiel à cocu auquel on écrit toujours Amour avec un A majuscule, en rentrant du restaurant avec détour horizontal dans la propriété du Don Juan de pacotille, du baratineur, manipulateur professionnel. Dire que je la croyais d'une dignité absolue !

Madame le maire : - Y'a des femmes, on leur donnerait

77

le bon Dieu sans confession (*cette remarque suscite une forte réaction dans les regards entre le notaire, Florence et madame le maire, qui doivent penser à Yvonne, et madame le maire se sentir coupable de cette réplique en ce lieu ; Stéphane Ternoise n'étant pas dans cette émotion, continue, au départ donc hors de l'attention générale*).

Stéphane Ternoise : - Je ne sais pas si elle souhaitait vraiment l'acheter, cette maison. Si c'était sa preuve d'Amour, elle en trouvera une autre. C'est difficile à croire, les mots d'amour d'une femme qui vous a menti, trompé, trahi. Et même vous a menti en racontant, en réduisant à une amitié ayant un soir débordée en fusion, immédiatement regrettée. Alors qu'elle vous a caché durant des semaines cette drague qui se donnait des dehors d'amitié pour avancer inéluctablement vers la coucherie. Et elle souhaite t'imposer son Carlo comme un grand ami. Mais après, quand les incohérences sont trop nombreuses, et qu'un écrivain cesse parfois d'être aveugle, elle avoue y être retournée, retournée, avec plaisir, et sans préservatif. Je ne suis qu'un vieil écrivain blessé qui pensa l'avoir trouvé mais cherche encore l'Amour avec un A majuscule.

Maître Pierre, *visiblement ému, lui resserrant la main :* - Je vous souhaite de le trouver.

Stéphane Ternoise : - Il suffit d'une Femme exceptionnelle pour le bonheur d'un homme.

Maître Pierre : - Hé oui !

Stéphane Ternoise, *se tournant vers elle, serre la main de Florence (ils sont troublés)* : - Madame.

Florence, *retenant sa main plus que de nécessaire :* - Vous allez donc écrire une pièce de théâtre ?

Stéphane Ternoise : - Pas pour l'instant… Ce n'était qu'une réflexion de circonstance… Je reste fidèle au vieux roman. Quand on se sent bien quelque part, on a des difficultés à changer, ailleurs ça peut faire peur, quand on se sent bien dans un genre, on a des difficultés à le quitter... (*de plus en plus troublé*) Alors ça ne servirait à rien d'aller me divertir avec du théâtre... J'ai mes habitudes. Nous avons tous nos habitudes. Le théâtre contemporain n'intéresse personne. Comme l'intégrité et la dignité... Mais la vie est parfois surprenante, le bonheur peut vous tomber dessus quand on n'y croit plus...

Florence : - Je crois que vous pourriez faire de belles choses au théâtre. Quelqu'un a écrit que vous avez le don du dialogue.

Stéphane Ternoise : - Ça devait être l'un de mes pseudos ! Comme Stendhal a signé sous deux cents noms, je supplée les journalistes sûrement trop occupés ailleurs. Peut-être qu'un jour je changerai de vie, je changerai de genre... Vivre au moins quelques années dans l'harmonie... Et terminer ma vie fidèle... au théâtre... Qu'au moins ce ne soit pas une vie pour rien...

*Madame le maire, qui jetait des regards discrets au notaire, ouvre la porte.*

Florence : - La littérature est mon jardin secret.

Stéphane Ternoise, *en souriant* : - Vous êtes donc une exception dans le canton. Tenez bon, la littérature est la vraie vie... Et si un jour vous souhaitez devenir membre du jury salondulivre.net... Vous n'avez qu'à passer me voir.

Florence : - Oh merci !... Mais je doute d'être à la hauteur du jury d'un prix littéraire... Je suis une simple lectrice...

Stéphane Ternoise : - Lire permet de conserver une certaine humilité... Mais parfois il faut savoir saisir les occasions qui se présentent. C'est aussi cela la vie, des possibilités passent et on ne sait pas les cueillir...

**Madame le maire** : - Excusez-moi, mais on m'attend au bureau.

**Stéphane Ternoise** : - Je vous suis, Madame le maire, même si nos routes divergent, sont opposées.

**Madame le maire** : - Bonne journée mes amis.

**Maître Pierre** : - A vous pareillement, Christine.

*Stéphane sort avec Madame le maire, referme la porte.*

**Maître Pierre** : - Je croyais qu'il ne partirait jamais ! Vous avez exagéré Florence ! Vous ne croyez pas que de m'obliger à retirer mon veto à la mairie était déjà bien suffisant !

**Florence** : - Je souhaite moi aussi tout faire pour apaiser les tensions dans notre pays. Il est de notre devoir de travailler au rassemblement de la nation. (*on la sent ailleurs*)

**Maître Pierre** : - Tu vas bien ?

**Florence** : - Ce n'est pas tous les jours qu'on a la chance de parler avec un écrivain.

**Maître Pierre** : - Vous n'allez quand même pas me faire croire que sa conversation vous intéressait. Même si moi aussi il a réussi à m'émouvoir avec son histoire d'écrivain trahi.

**Florence** : - Je suis admirative des gens qui vivent debout.

**Maître Pierre** : - Ecrivain, écrivain, qu'il dit. En tout cas, il vit du RMI. Ça permet peut-être de se donner un genre, écrivain, de séduire les femmes fatiguées de leurs aventures africaines, mais ça ne nourrit pas son homme.

**Florence** : - Mais l'éternité lui appartient ! Qui se souviendra de nous dans 200 ans, alors que Molière, Racine, Hugo, Voltaire, Auster, sont éternels.

**Maître Pierre** : - Il est vrai que vous avez fait des études littéraires. En tout cas, moi je préfère vivre comme je vis plutôt que dans la misère comme cet écrivaillon.

Florence : - Il faut une certaine grandeur pour accepter d'avancer à contre-courant.

Maître Pierre : - Ce n'est pas une raison pour vivre aux crochets de la société ! Il proclame refuser toute subvention mais n'hésite pas à se la couler douce au Rmi ! Il pourrait au moins être honnête !

*Florence éclate de rire.*

Maître Pierre : - Flo !

Florence : - Excusez-moi, je n'ai pas pu me retenir.

Maître Pierre : - Et qu'ai-je dit d'aussi drôle ?

Florence : - Le mot honnête, dans votre bouche.

Maître Pierre : - Oh ! Flo ! Comment me considères-tu ?

Florence : - En plus, c'est une réplique de ton écrivain préféré. Quand il se met en scène et se tourne en dérision.

Maître Pierre : - Parce qu'en plus vous achetez ses livres !

Florence : - Avec mon argent !

Maître Pierre : - Toi, ton mari devrait te surveiller ! Je trouve que tu vas un peu trop souvent là-haut !

Florence : - Oh ! Je marche ! Je ne suis avancée au bourg qu'une seule fois. Et c'était justement pour acheter son troisième livre. Parce que j'avais lu une excellente critique sur Internet... Tu ne vas quand même pas reprocher à une femme enceinte de marcher !

Maître Pierre : - Mais non, ma Flo. C'était juste pour te taquiner. Même pour une gloire posthume, je n'échangerais pas ma place contre la sienne... Je suis l'homme le plus heureux du monde... Approche ma douce, ma fleur, mon soleil, que j'effleure notre enfant. J'en deviens poète aussi !

Florence : - Pas ici, nous l'avions convenu.

Maître Pierre : - Où alors ?! Je suis quand même son papa à ce petit bout de chou qui m'a l'air bien vigoureux.

Florence, *apitoyée, s'approche* : - Allez, une main.

*Le notaire, la main gauche sur le ventre de sa belle-fille est aux anges. On frappe. Entre Yvonne. Le notaire, tout à son émerveillement, n'avait pas entendu frapper. Il sursaute, comme pris en faute.*

Yvonne : - Oh !... Le notaire a beau être votre beau-père, je ne pense pas que cette attitude soit bien convenable.

Maître Pierre, *soudain en colère* : - Madame, tu m'emmerdes.

Yvonne : - Oh !

Maître Pierre : - C'est la première fois de ma vie que je touche le ventre d'une femme enceinte. La première ! A soixante-cinq ans ! Il est certains sujets sur lesquels je vous prierais de tourner trente-sept fois votre langue avec d'ouvrir la bouche. Et qu'on n'aborde plus le sujet ! Silence !

Yvonne : - Mon Dieu (*elle joint les mains*) 124... 124... Mes calculs astrologiques sont à 124.

Florence, *en souriant* : - C'est la troisième fois cette année que vous paniquez à cause de vos calculs... Et que je sache, les deux premières fois, la terre ne s'est pas arrêtée de tourner. Elle tourne même sans jamais dévier de sa route, elle !

Yvonne : - Ma fille... Ma fille... Dieu vous pardonne... Vous ne savez pas tout... Heureux les innocents...

*Florence la fixe.*

Florence, *en souriant* : - Vous devriez prendre du Prozac, comme vous l'a prescrit le docteur.

Yvonne : - Le docteur, oh ma fille, si vous saviez ! Des

mises en garde ! Pour annoncer un engrenage. Et l'inéluctable avance pas à pas... Mon Dieu... 124 était sorti deux fois aussi avant...

*Le notaire fait un geste de la main pour sa belle-fille, en direction de son épouse, signifiant : elle est folle.*

Yvonne : - Je n'y avais pas fait attention, la première fois... J'étais à l'âge de l'ignorance.

Maître Pierre : - Madame, vous divaguez. Laissez-nous travailler.

Florence, *en souriant* : - Je crois que ce midi nous mangerons des sardines... Heureusement, l'armoire est pleine de cakes ! Je suppose, madame Yvonne, que vous préférez retourner vous coucher...

Yvonne : - Ne souriez pas ma fille... N'ironisez pas ainsi ma fille... Oui ma fille... Je n'ai plus que cela à faire... Ne souriez pas... Vous ne savez pas sur qui va tomber la foudre aujourd'hui... Je ne peux m'opposer à l'inéluctable... J'ai pourtant tout essayé... J'ai fait une neuvaine, brûlé des cierges, prié Saint Benoît, Saint Christophe ! Notre Saint Jean-Gabriel Perboyre. J'ai même interpellé notre regretté Jean-Paul II, le Saint Homme... (*elle joint les mains*) Je m'en remets à ta volonté, Seigneur.

*Elle fixe une toile (un château), se signe puis sort en courant.*

Maître Pierre : - Si on ne la connaissait pas, elle nous donnerait le cafard.

Florence : - Pauvre femme... Où mènent les superstitions ! Mais qu'y a-t-il dans le coffre-fort ? (*le montrant de la tête*)

Maître Pierre : - Pourquoi me poses-tu cette question ?

Florence : - Je ne t'ai jamais vu l'ouvrir… Yvonne a fixé avec une telle intensité le tableau, j'en conclus qu'elle scrutait derrière la toile.

Maître Pierre : - La pierre.

Florence : - Oh ! La pierre ! Vous gardez dans votre coffre la pierre qui a tué son amant.

Maître Pierre : - Je l'ai cachée là le premier jour. A cause du sang. Je souhaitais la jeter dans la Garonne. Et les années sont passées. Le temps passe si vite quand…

Florence : - Il faut le faire. Vous ne pouvez quand même pas garder cette pierre alors que Marcel…

Maître Pierre : - J'ai bien réalisé l'acte de ce Ternoise, je peux jeter cette pierre.

Florence : - Montre-la moi.

Maître Pierre : - Ça non !

Florence : - Et pourquoi ? Puisque tu vas la jeter, j'ai le droit de la voir.

Maître Pierre : - Tu oublies ton état ! Tu crois que je me le pardonnerais si je te causais un choc !

Florence : - Bon… Parfois tu as raison ! Mais tu me promets de la balancer aujourd'hui.

Maître Pierre : - Je vais à Montauban cette après-midi… Je crois d'ailleurs que je vais partir tout de suite et me payer le restaurant.

Florence : - Alors je mangerai des sardines seule.

Maître Pierre : - Votre mari doit rentrer ce midi.

Florence, *en souriant* : - Je l'oubliais celui-là !… Je vous laisse donc vous préparer.

> *Elle fait deux pas vers la porte.*

Florence : - Bon courage.

Maître Pierre : - Merci Flo… Je te rapporte une bouteille de Sauternes ?… Et un peu de foie gras ?…

*Elle lui envoie un baiser, sourit et sort.*

Maître Pierre : - Cette pierre n'a plus rien à faire ici. J'ai quand même été imprudent de la garder. Je vis dangereusement ! Comment aurais-je expliqué le sang de cet idiot sur une pierre dans mon coffre-fort ! (*en souriant*) Personne n'aurait osé demander l'ouverture du coffre-fort du notaire !

*Tout en parlant, il se lève, va au coffre-fort, retire le tableau, le pose sur une chaise, prend son trousseau de clés, ouvre le coffre-fort et caresse la pierre.*

Maître Pierre : - J'ai ici assez de secrets pour déclencher une guerre civile dans le canton... L'arme fatale !

*Marcel entre sans frapper, une bouteille de whisky en main, claque la porte, titube, regarde vers le bureau et ne voit pas le notaire.*

Marcel : - Où il est, où il est ! Il est pas là, ce salaud.

*Le notaire le regarde sans comprendre.*
*Marcel donne un coup de pied dans le bureau, renverse une chaise. Avec sa bouteille de whisky il jette par terre quelques dossiers ; elle se renverse sur le bureau. Il se retourne, fait deux pas vers la porte du secrétariat, et aperçoit le notaire.*
*Marcel se précipite vers lui, en titubant.*

Marcel : - Salaud.
Maître Pierre : - C'est à ton père que tu t'adresses ainsi. Veux-tu t'excuser immédiatement.
Marcel : - Maman m'a tout raconté. Salaud. Assassin.

*Marcel attrape le notaire par la cravate, le pousse contre le mur.*

Maître Pierre : - Hé doucement... (*il repousse Marcel qui continue à le tenir du bout des bras*) Ta mère est très perturbée ce matin... Tu ne connais pas très bien les femmes... Mais il y a des périodes où elles sont sujettes à certaines vapeurs... (*Marcel le fixe dans les yeux*)

Marcel : - Salaud, assassin.

Maître Pierre : - Tu as fêté ton départ de Cahors... Allez lâche-moi... Sinon je vais devoir te faire une prise de judo... Il faudra que tu te modères un peu niveau boissons quand...

*Marcel voit la pierre dans le coffre, pousse le notaire qui se cogne contre le mur, il prend la pierre dans le coffre et fonce sur le notaire, lui fracasse la tête. Le notaire n'a même pas le temps d'esquisser un geste.*

*Maître Pierre s'effondre en bredouillant « Flo ».*

*Florence entre, hurle « non ! »*

**Rideau - Fin**

# Les secrets de maître Pierre, notaire de campagne

*Tragicomédie en trois actes*

Distribution : cinq femmes, trois hommes

Cinq femmes, trois hommes

Maître Pierre, notaire, soixante-cinq ans, léger embonpoint
Yvonne, sa femme, soixante ans
Marcel, fils du notaire, trente-huit ans
Florence : épouse de Marcel, trente ans
Madame le maire du village, la cinquantaine prétentieuse
Madame Deuly : visiteuse en recherche d'une maison dans le bourg, trente ans
La sœur : sœur de madame Deuly, un peu plus âgée
Stéphane Ternoise, écrivain indépendant, approche quarante ans.

L'utilisation de Stéphane Ternoise comme personnage est naturellement un jeu de l'auteur. Vous pouvez remplacer ce nom par celui qui vous plaira.
Les personnages d'une trentaine d'années peuvent avoir quelques années supplémentaires.

On ne voit
bien qu'avec
le coeur
l'essentiel
est invisible
pour les yeux

# Acte 1

*Un petit village du sud-ouest. L'étude de maître Pierre.*
*Meubles anciens. Un bureau avec le fauteuil directeur du*
*notaire. Deux chaises devant le bureau et quatre entre les*
*deux portes, la première donnant sur l'extérieur (via un*
*couloir), l'autre sur le secrétariat.*
*Aux murs, quelques tableaux, scènes de chasse et*
*châteaux.*

*Debout, Florence et Yvonne, des papiers en main.*

Yvonne : - Que se passe-t-il, Florence ?

Florence : - Comment avez-vous deviné que j'allais vous poser une question importante ?

Yvonne : - Yvonne ne dit rien mais elle devine tout.

Florence : - Oh !

Yvonne : - Comment oh !…

Florence : - Je voulais dire ah !

Yvonne : - Ah !

Florence : - Bref… Vous savez et il faut que je sache ! Je suis mariée avec votre fils depuis trois ans, professionnellement comme personnellement, vous savez pouvoir compter sur moi, bref, je dois tout savoir désormais. Pourquoi votre mari refuse de lui laisser l'étude ?

Yvonne : - Ah !

Florence : - Comment ah !

Yvonne : - Ah ! Mon fils ! Mon petit trésor !

Florence : - Il a maintenant 38 ans, l'ensemble de ses diplômes. Il a montré ses compétences à Cahors. Madame Yvonne, j'ai le droit de savoir. Je sens comme un secret planer au-dessus de cette maison.

Yvonne : - Ah ! Demandez au seul maître dans cette étude.

Florence : - Je suis sa secrétaire.

Yvonne : - Pas toujours.

Florence, *troublée* : - Mais quand je ne suis pas sa secrétaire… Il me parle comme à une enfant.

Yvonne : - Ah !

Florence : - Comment ah !

Yvonne : - Je voulais dire hé !

Florence : - Il faut que je sache la vérité. J'ai parfois l'impression que votre mari n'aime pas votre fils.

Yvonne, *qui fixe sa belle-fille avec surprise* : - Ah !

Florence : - Vous voulez dire hé ?

Yvonne : - Bref. Demandez à votre beau-père.

Florence : - Vous savez bien qu'il répond toujours la même chose : « *Hé ! Je suis en pleine forme. Votre mari apprend son métier. Hé ! Si j'abandonne l'étude, il en est certains qui n'hésiteront pas à essayer de me pousser dehors de ma fonction de premier adjoint au maire et de représentant au conseil intercommunal.* » On dirait qu'il a enregistré un disque et me le repasse à chaque question.

Yvonne : - J'entends la Mercedes de monsieur.

Florence : - Déjà !… Un jour il faudra que je sache tout.

Yvonne : - Ah ma fille ! Si vous pensez être la seule personne qui voudrait tout savoir dans cette vallée de larmes.

*Maître Pierre entre, pose sa veste sur le dossier d'une chaise tout en commençant à parler.*

Maître Pierre : - L'idiot ! Il m'appelle sur mon portable pour me demander pourquoi je ne l'ai pas informé de ce projet de ligne à Très Haute Tension… J'ai failli lui répondre « *je ne suis pas le journal télévisé, mon cher monsieur.* »

Florence : - Alors vous lui avez conseillé de revendre immédiatement !... Ce qui nous fera une nouvelle commission.

Maître Pierre : - Hé ! Florence ! Que se passe-t-il ici ?

Florence : - Naturellement vous lui avez répondu que la ligne ne se fera pas. Que vous en avez encore parlé samedi avec votre ami le vénérable et vénal conseiller général.

Maître Pierre : - Exactement. Hé ! Pardi ! C'est la stricte vérité.

Yvonne : - Et bien sûr, personne n'ajoute que cet idiot se fout de nous, qu'il affirme la main sur le coeur une chose aux opposants à la Haute Tension mais reste copain cochon avec monsieur le président de son parti de notables, ce président de Conseil Général, ce complice d'une centrale nucléaire qui lui permet de vivre comme un nabab, d'entretenir sa bande de béni-oui-oui. Hé !, elle est belle la gauche !

Maître Pierre : - Oh Yvonne ! Que se passe-t-il ici ?

Yvonne : - Hé ! Parfois il faut que ça sorte ! Il m'énerve votre ami. Je ne voterai plus pour lui.

Maître Pierre : - Et pour qui veux-tu voter ?

Yvonne : - Hé ! Je voterai blanc.

Maître Pierre : - Bah ! Ça ne change rien.

Yvonne : - Hé ! Je voterai rouge.

Maître Pierre : - Si ton père t'entendait !

Yvonne : - Je voterai vert.

Maître Pierre : - Mais que se passe-t-il donc ici ? C'est la révolution de palais ou quoi ? Quelqu'un a téléphoné ? (*en souriant*) Nous n'avons quand même pas un contrôle fiscal !

Yvonne : - J'ai quand même parfois le droit de m'exprimer.

Maître Pierre : - Exprime-toi, exprime-toi, nous sommes en famille. Ils nous emmerdent avec cette ligne. Nous pensons tous la même chose ici. Vivement qu'elle soit faite, qu'on touche les primes de l'EDF et que les fous vendent, que les affaires repartent. C'est un peu mou en ce moment, tu ne trouves pas ?

Yvonne : - Il est passé des jeunes, des nordistes, ils cherchent une maison pas chère et habitable.

Maître Pierre : - Pas chère, pas chère ! Mais ce canton ne va quand même pas devenir un refuge de rmistes !

Yvonne : - Ils repasseront cette après-midi. J'ai pensé que la maison en face du marginal pourrait leur convenir.

Maître Pierre : - Ne me parle plus de lui ! Tu ne sais pas qu'il a écrit une chanson contre la ligne ! Il rime pognon et haute tension. Oh ! Il commence à nous énerver avec ses sites Internet, celui-là ! Il va bientôt se retrouver avec un contrôle fiscal ! Il devinera peut-être de où ça vient. Si au moins la ligne nous en débarrassait ! Vivement qu'on la fasse cette ligne ! Après tout, il y en a partout ! Quand elle sera plantée, au moins les gens n'en parleront plus et les prix repartiront. Elle s'insérera discrètement dans le décor, et personne ne la remarquera, je vous le parie.

Florence : - Je suis contre.

Maître Pierre : - Hé ! Vous vous lancez dans la politique, maintenant, Florence !

Florence : - Réfléchir est un droit. Même pour une femme ! Ça concerne mon avenir aussi cette ligne. Et celui de vos petits-enfants.

Maître Pierre : - Oh !... Je ne peux décidément pas vous laisser deux heures !... J'ai du courrier à vous dicter, Florence.

Florence : - Je vous écoute, maître Pierre.

Maître Pierre : - Florence !

Florence : - Oh ! C'est sorti tout seul ! Je suis presque confuse ! Quand même pas désolée !

Maître Pierre : - Si on se paye ma tête dans cette maison,

je voudrais comprendre quelle mouche vous a piquées (*il prend sur son bureau une tapette tue-mouche*).

Yvonne : - Je te laisse à ton sport favori. Faites attention aux balles perdues, Florence.

Maître Pierre, *à Florence* : - Mais elle a regardé une émission humoristique, votre belle-mère !

*Yvonne sort.*

Maître Pierre, *s'asseyant, doucement* : - Vous avez eu une dispute, ma douce Flo ?

Florence : - Ce n'est plus tenable cette situation. Je souhaite que tu transmettes l'étude à Marcel.

Maître Pierre : - Hé ! Hé ! Marcel, Marcel, c'est encore un enfant. Hé ! Je suis en pleine forme ! Je ne suis pas agriculteur !

Florence, *qui l'interrompt* : - Ce n'est plus possible cette situation. Sinon je quitte l'étude.

Maître Pierre : - Oh ma Flo.

Florence : - Je ne suis pas ta Flo !

Maître Pierre : - Florence… Ne dites pas de bêtises (*il pose sa main droite à hauteur du cœur*) Mon cœur s'emballe rien qu'à ces mots.

Florence : - Marcel est exaspéré. Il ne comprend pas pourquoi vous ne l'aimez pas.

Maître Pierre : - Exaspéré ! Ah !

Florence : - Des ah ! Des oh ! Des hé ! J'en entends à longueur de journée !

Maître Pierre : - Hé ! C'est cela une famille ! On finit par avoir des expressions communes.

Florence : - Bref, vous allez un jour la lui transmettre, cette étude ? Ne tournez pas autour du pot, comme dirait ma copine Corinne ! Oui ou non ?

Maître Pierre : - Hé ! Pardi ! Naturellement. Il le faudra bien !

Florence : - Et quand ?

Maître Pierre, *fixe Florence* : - Approche.

Florence : - Ce n'est pas nécessaire.

Maître Pierre : - Les murs ont parfois des oreilles.

*Florence a une moue de désapprobation mais avance. Le notaire pose sa main gauche sur le ventre de sa belle-fille. Qui recule d'un pas.*

Florence : - Ah non ! Nous étions d'accord ! Jamais ici.

Maître Pierre : - Bon, j'attendrai mercredi.

Florence : - Je ne sais pas s'il y aura encore un mercredi.

Maître Pierre : - Oh !

Florence : - C'est comme ça !

Maître Pierre : - Ah ! J'ai toujours su qu'un jour il faudrait tout te raconter !... Hé ! Pourquoi pas maintenant !

*Silence. Florence regarde le notaire en se demandant quel nouveau stratagème il invente. Elle croise les bras.*

Maître Pierre : - Je suis d'accord pour laisser l'étude à ton mari fin décembre. En associé naturellement. Je ne vais quand même pas faire comme ces idiots qui prennent leur retraite en vociférant « c'est mon droit » et passent leurs journées sur un terrain de pétanque à regretter le temps du travail. Et ils meurent d'un cancer six mois plus tard, tellement la retraite les a détraqués.

*Silence.*

Florence : - Associé avec maître Marcel donc.

Maître Pierre : - Tout ce qu'il y a de plus légal. Les papiers sont d'ailleurs prêts. Nous n'avons plus qu'à les parapher et remplir toutes les conditions.

Florence : - Je les attendais, les « conditions. »

Maître Pierre : - Je suis d'accord pour vous assurer une rente mensuelle.

Florence, *en souriant* : - La grâce vous a visité !

Maître Pierre : - Ça ne dépend que de toi.

Florence : - Je m'attends au pire.

Maître Pierre : - Comment me considérez-vous, Flo ! Moi qui n'aime que toi.

Florence : - Je vous écoute.

Maître Pierre : - Nous allons avoir un enfant.

Florence : - Oh !

*Florence s'évanouie. Le notaire se précipite.*

Maître Pierre : - Ma belle. Ma belle (*il lui tapote le visage, l'embrasse*).

Florence, *ouvre les yeux* : - Vous êtes fou.

*Le notaire l'embrasse.*

Florence, *se retourne* : - Arrête. Tu es fou.

Maître Pierre : - Je ne t'ai pas obligée à t'allonger sur la moquette comme dans mes rêves.

Florence : - Tu es fou.

Maître Pierre : - J'ai mes raisons.

Florence : - C'est du sadisme ! Tu voudrais que Marcel croit être le père de son demi-frère. Mais tu es fou.

Maître Pierre, *après s'être relevé* : - Non !

Florence, *se relève :* - Tu voudrais être le père de ton petit-fils... Mais je deviens folle aussi d'imaginer ce que cette infamie donnerait (*elle s'assied*).

Maître Pierre, *semble réfléchir, puis* : - Notre enfant ne serait pas le demi-frère de ton mari.

Florence : - Ne m'embrouille pas ! As-tu déjà vu un enfant dire pépé à son papa. Dire papa à son frère !

95

Maître Pierre, *réfléchit puis* : - Notre enfant n'aurait aucun lien de véritable parenté avec ton mari.

Florence : - Parlons d'autre chose, c'est non.

Maître Pierre : - Tu n'as donc rien compris.

Florence : - J'ai compris que tu es fou... Déjà de forcer ta belle-fille à... À avoir de telles relations.

Maître Pierre : - C'est presque un autre sujet. Nous y trouvons tous les deux des avantages.

Florence : - J'ai honte le soir au côté de Marcel. Vous lui plantez un couteau dans le dos.

Maître Pierre : - La justice.

Florence : - Tu es fou.

Maître Pierre : - Tu n'as donc rien compris.

Florence, *se lève* : - Ah tu m'énerves ! C'est la deuxième fois en trente secondes que tu me balances ton « *tu n'as rien compris.* » Comme si j'avais cinq ans !

Maître Pierre, *calmement* : - Tu crois qu'un homme comme moi aurait pu coucher avec la femme de son fils.

Florence : - C'est pourtant le cas.

Maître Pierre : - Non.

Florence, *se rassied* : - Comment non ? Mais j'hallucine ! Tu divagues ! Tu es fou Pierrot ! Tu t'es entendu ! Non ! (*silence*)

Maître Pierre : - Tu commences à comprendre ?

Florence : - Il est temps que tu me confesses tout, je sens tellement une odeur de secret dans cette maison.

Maître Pierre : - Tu as déjà trouvé une ressemblance entre moi et ce Marcel ?

Florence : - Oh ! (*proche de s'évanouir de nouveau, se retient au bureau*)

Maître Pierre : - Hé ! Tu l'as dit, « Oh ! »

Florence : - Votre fils n'est pas votre fils !

Maître Pierre : - C'est le fils de ta belle-mère.

Florence : - Et vous avez épousé Yvonne pour obtenir l'étude en dot.

Maître Pierre, *effondré* : - Florence, vous me croyez à ce point intéressé.

Florence : - Ne me cachez plus la vérité. Les mots ne servent pas qu'à mentir. On ne battit rien de sincère, de solide sur le mensonge.

Maître Pierre : - Cocu.

Florence : - Oh !

Maître Pierre : - Le cocu du village.

Florence : - Oh ! Vous !

Maître Pierre : - Tu n'as jamais remarqué les petits sourires.

Florence : - Si vous croyez que j'accorde une quelconque importance aux sourires de ces gens.

Maître Pierre : - Sinon je serais maire.

Florence : - Je croyais que ça ne vous intéressait pas.

Maître Pierre : - Quand un si petit village a la chance d'avoir un notaire, il le nomme maire… Les élections ne devraient même pas exister dans ce cas-là. Et je suis l'éternel premier adjoint. Les emmerdes jamais les honneurs. TSC ! Tout Sauf le Cocu !

Florence : - Oh !

Maître Pierre : - Tu crois pas que ç'aurait été ma place, quand l'autre idiot s'est tué en mobylette ?

Florence : - Je croyais que c'était toi qui avais suggéré que sa veuve lui succède. La veuve d'un homme décoré ! On aime les médailles au village !

Maître Pierre : - Tu n'as quand même pas cru cela ! Elle était belle sa décoration ! Si je te racontais combien il a payé pour l'obtenir ! Son père était simple boulanger, et même pas le meilleur du canton, tu vois un peu la famille.

Florence : - Madame vous a… Oh !

Maître Pierre : - Trois mois après notre mariage.

Florence : - Oh ! Je ne pourrai jamais plus la regarder en face.

Maître Pierre : - Une passion. Une passion qu'elle a pleurniché. Après.

Florence : - Et vous les avez surpris ?

Maître Pierre : - Derrière la haie de buis.

Florence : - « *N'ouvrez jamais cette porte, ça porte malheur.* »

Maître Pierre : - Hé oui, devant le puits.

Florence : - Mais pourquoi ne pas avoir divorcé ?

Maître Pierre : - On ne divorçait pas en ce temps-là. On réglait ses affaires en famille.

Florence : - Pour l'étude.

Maître Pierre : - Oh Florence, vous me croyez vraiment…

Florence : - Je ne peux pas croire que ce soit par amour.

Maître Pierre : - L'amour, l'amour… Même si ça te semble impensable, j'ai aimé la mère de ton mari.

Florence : - Et elle ?

Maître Pierre : - Elle a hurlé.

Florence : - Hurlé ?

Maître Pierre : - Je n'ai plus rien à te cacher… Je lui ai fracassé la tête.

Florence : - Vous !

Maître Pierre : - Un notaire peut tuer.

Florence : - Vous êtes un assassin.

Maître Pierre : - On n'est pas un assassin quand on tue l'amant de sa femme.

Florence : - Et vous avez été condamné ?

Maître Pierre : - Tu sais bien que c'est un secret. Naturellement le docteur a attesté la chute de cheval. Il s'est débrouillé pour me faire signer un acte antidaté juste avant, donnant-donnant, tu vois. Le fils du médecin est médecin aussi et il vit dans un château. Tu sais maintenant comment ce château est entré dans sa famille. Mais lui, tout le monde a murmuré, « *il est malin.* » Elle ne trompe que toi et son fils, ta belle-mère, quand elle pleure au cimetière.

Florence : - Oh !

Maître Pierre : - Tu sais tout.

Florence : - Mais comment pouvez-vous être vraiment certain que Marcel ne soit pas votre fils ?

Maître Pierre : - Tu veux vraiment que j'entre dans les détails ?... (*silence... oui de la tête de Florence*) Quelques semaines après notre mariage, à mon grand désespoir, nous faisions déjà chambre à part, Yvonne prétendait souffrir d'atroces migraines dès que je l'approchais.

Florence : - Vous voulez dire qu'entre vous et madame !...

Maître Pierre : - La vie est rarement la vie rêvée. On a vingt-six ans, on épouse la fille du notaire, on devient notaire. Et il suffit qu'un étranger vienne s'installer au pays, qu'il sache bien chanter et tout s'effondre.

Florence : - Si j'ai un enfant de mon mari, il appellera pépé l'homme qui a tué son vrai pépé.

Maître Pierre : - Tu ne vas quand même pas me reprocher d'avoir réagi en homme.

Florence : - Il vous suffisait de divorcer et l'affaire était réglée. Entre gens civilisés on sait que toutes nos attractions ne sont que des réactions chimiques.

Maître Pierre, *sourit* : - Réactions chimiques ! Où vas-tu chercher tout ça !

Florence : - L'amour, les sentiments, tout ça, oui tout ça, notre vie, ce n'est qu'une suite de réactions chimiques. Heureusement l'esprit peut quand même se construire des notions d'équité, d'intégrité, de dignité. Et toute société

tente d'inculquer des règles morales qui ne sont qu'une manière de vivre ensemble sans se dévorer.

Maître Pierre : - Comme tu parles bien, ma Flo.

Florence : - Il est vrai que c'est insupportable pour vos idées judéo-chrétiennes, que nous ne soyons qu'un conglomérat d'atomes...

Maître Pierre : - Tu vois bien qu'il vaut mieux avoir un enfant de moi. Ainsi tu sauves tout, le cocu n'est plus cocu. Moins un par moins un, égal un.

Florence : - La vie ce n'est pas des mathématiques.

Maître Pierre : - Tu me laves le déshonneur. Tu rends propre le nom de ton enfant. Notre enfant sera l'enfant de la justice.

Florence : - Et Marcel ?

Maître Pierre : - Marcel est une erreur. Il ne saura jamais, ce sera notre secret. Tu pourras même divorcer ensuite si tu le souhaites. Je signerai les papiers nécessaires pour que l'héritier de l'étude soit notre fils.

Florence : - Et si c'est une fille !!!

Maître Pierre : - Hé ! Je suis large d'esprit ! Elle sera héritière.

Florence : - Ce que tu me demandes est ignoble.

Maître Pierre : - Tu ne peux plus répondre ça maintenant que tu sais.

Florence : - Mais comment vais-je pouvoir regarder Marcel en face ?

Maître Pierre : - Il te suffit d'arrêter la pilule et dans trois mois tu lui lanceras qu'il devrait rentrer plus souvent ivre, comme le soir où vous aviez eu des... des relations.

Florence : - Comment savez-vous qu'entre Marcel et moi ce n'est pas...

Maître Pierre : - Tu sais bien que votre chambre est juste derrière la petite salle me servant parfois de bureau.

Florence : - En plus tu m'espionnes !

Maître Pierre : - Hé ! Quand on aime quelqu'un, ce n'est pas l'espionner que de passer la nuit à écouter sa respiration.

Florence : - Ne joue pas les romantiques.

Maître Pierre : - Tu as sauvé ma vie, Flo.

*On frappe.*

Maître Pierre : - Entrez.

*Entre Yvonne*

Yvonne : - J'ai besoin de tes bras, Pierrot.

Maître Pierre : - Tu vois bien que nous sommes en plein travail. Ça ne peut pas attendre les bras du fiston ?

Yvonne : - Premièrement, je n'ai pas l'impression que vous soyez en plein travail, et deuxièmement, si tu veux manger ce midi...

Maître Pierre, *se lève* : - Bon, bon (*à Florence*) sortez le dossier et rédigez le préaccord.

*Florence se lève... Et dès que tout le monde est sorti, va s'effondrer dans le fauteuil du notaire.*

Florence : - Je fais quoi, moi, maintenant ? Si je ne couche plus avec lui, fini le fric. Une femme a besoin d'une cagnotte dans ce pays ! Mais avoir un enfant de lui ! Oh non ! Et ne pas en avoir ? Est-ce que Marcel m'en fera un, un jour ? Visiblement, le sexe et lui, ça fait deux. Alors ?... Voilà ce qui arrive quand on est pauvre et qu'après des études sans débouchés, on se laisse convaincre qu'un mariage d'intérêt est finalement préférable à une vie de caissière.

**Rideau**

101

# Acte 2

*Même décor, le notaire dans son fauteuil, Florence assise*
*sur l'une des chaises devant le bureau.*
*Le notaire lit une lettre à haute voix.*

Maître Pierre : - Madame le maire,
En octobre de l'année dernière, vous aviez jugé ma
demande conforme aux intérêts de la commune. Je
souhaitais simplement acquérir quelques mètres
carrés devant chez moi, afin d'y réaliser un trottoir et
une entrée digne de notre historique commune. Ce
qui n'influerait guère sur la taille de la place du
cimetière ni sur sa capacité d'accueil des voitures.
Qui plus est, mes travaux embelliraient le bourg.
Après votre accord de principe, cette demande a
soulevé des oppositions en votre vénérable conseil
municipal.
Je me permets donc de réitérer cette requête, cette
fois de manière officielle, par lettre recommandée.
Ainsi, soit ma demande sera acceptée, soit les motifs
du refus seront communiqués. Les deux issues
permettront de mettre fin à certaines rumeurs sur une
décision politique, ou celle d'une vengeance
personnelle suite à une tentative d'arnaque ayant
échoué...
Naturellement, si vous jugez préférable, afin d'éviter
toute remarque d'un enrichissement grâce à ses
fonctions, que cette transaction s'effectue ailleurs
qu'en l'étude de votre premier adjoint et néanmoins
notaire en notre charmante commune, je m'engage à
prendre en charge nos frais de déplacement chez le
notaire compétent et intègre de votre choix.
Veuillez agréer... Etcetera...
*Silence.*

Maître Pierre : - Vous vous rendez compte, Florence, le petit con.

*Florence sourit.*

Maître Pierre : - Ça vous fait sourire, Florence !

Florence : - C'est bien tourné. Des sous-entendus précis, évidents, mais aucune diffamation.

Maître Pierre : - Bien écrit ! Hé ! Il n'est pas gêné, il est écrivain ! Il devrait avoir honte d'utiliser sa profession pour ainsi m'attaquer, « *tentative d'arnaque ayant échoué !* » Le scélérat ! Le petit con !

Florence : - Vous avez bien utilisé votre position pour vous venger !

Maître Pierre : - Florence ! Vous n'allez quand même pas me critiquer ! Jamais ! Tu m'entends ! Jamais il ne les aura ses trente mètres carrés. Même dix, même cinq, moi vivant, ce sera toujours non !

Florence : - Et si le conseil municipal juge sa demande recevable ?

Maître Pierre : - Tu sais bien que cette pauvre femme n'a que le titre de maire, qu'elle n'y connaît absolument rien à la gestion de notre commune, qu'en conséquent elle n'a absolument rien à me refuser.

Florence : - Mais si elle te demande tes raisons ?

Maître Pierre : - Hé ! Est-ce que moi je lui demande ses raisons ? Les raisons de Christine sont les plus connues du canton.

Florence : - Tu es vraiment rancunier !

Maître Pierre : - Rancunier, moi ? Jamais ! (*en souriant*) Comme un homme ! Si comme tout poète digne de ce nom il se suicide, je suis d'accord pour rebaptiser une rue et prononcer un éloge funèbre. La mort absout de tout. Même du manquement à sa parole. J'ai de la religion, Florence, tu sais.

Florence : - Oh ! Vous souhaitez sa mort !

Maître Pierre : - C'est bon pour le tourisme d'avoir eu un poète ! Nous manquons d'attractivité ! Et il m'avait promis ma commission. Entre hommes, l'engagement passe avant le droit.

Florence : - Mais tu sais bien qu'elle n'était pas légale !

Maître Pierre : - Quand on promet on s'engage !

Florence : - Tu sais bien qu'il n'est pas fou. S'il ne t'avait pas promis ta petite commission sans facture tu l'aurais pigeonné !

Maître Pierre : - Les affaires sont les affaires ma fille ! Tu n'es pas née de la dernière pluie.

Florence : - Parlons donc de notre contrat.

*Le notaire soupire, en souriant, prend dans sa poche son trousseau de clés, ouvre un tiroir, en sort une chemise verte et la tend à Florence.*

Florence, *se lève* : - Bien, maître, je vais étudier cela comme un acte des affaires sont les affaires !

Maître Pierre : - Hé ! Tu peux lire ici... Tu sais comme te regarder est un de mes grands plaisirs.

Florence, *en souriant* : - Comme tu l'as si bien exprimé et comme je l'ai simplement répété : les affaires sont les affaires.

*Maître Pierre sourit, Florence sort.*

Maître Pierre : - Quelle femme ! Mais mon Dieu ! Comme c'est difficile de sauver sa vie ! « Pierrot aime l'argent ! » Ah ! S'ils savaient où va mon argent ! S'ils savaient ils diraient « Pierrot aime le cul. » Comme c'est difficile ! S'il savait le mal qu'il m'a fait ce Ternoise en me refusant ma petite commission. « Pierrot est le pire des magouilleurs. » Alors que je n'ai jamais réclamé plus que de nécessaire. Enfin (*il sourit*) tout s'arrange. Un enfant ! Je vais avoir un enfant ! Avec la plus belle femme du monde. J'aurai un véritable héritier ! J'ai quand même le droit aussi au bonheur. TSA, tout sauf l'assassin ! Mais je ne suis pas un assassin ! En période de guerre, les survivants sont décorés. C'est la loi qui est mauvaise ! Certains ont fait bien pire et pourtant, ils ont la légion d'honneur ! Je ne vais quand même pas porter ce fardeau toute ma vie ! Mais je les aurai à l'usure ! Je serai centenaire ! Ils seront tous au cimetière, ceux qui savent, ceux qui croient savoir, ceux qui ont deviné ! Je les écrase déjà par mon fric ! Je leur survivrai ! Je les enterrerai tous ! Et pourquoi ne le reconnaîtrais-je pas cet enfant ! Flo me prend pour un âne en matière scientifique... Mais je sais bien qu'avec un test ADN, je pourrais prouver qu'il n'est pas mon fils, cet idiot de Marcel, et prouver ma paternité ! Oh Flo ! Si je t'épousais, ma Flo ! Tant pis si la vieille se suicide ! Mon bonheur avant tout ! Et nous partirons de ce coin perdu ! Tu mérites mieux que tout ça, ma Flo...

*On frappe.*

Maître Pierre : - Entrez.

*Yvonne entre.*

Yvonne : - Pierrot, il faut que je t'en cause... Car je suppose que tu n'as rien remarqué...
Maître Pierre : - Je t'écoute.
Yvonne : - Florence a l'air bizarre ces jours-ci.
Maître Pierre, *en souriant* : - Bizarre ? Tu as vraiment dit bizarre, comme c'est bizarre.
Yvonne : - N'ironisez pas. Elle nous cache quelque chose. Elle a changé.

105

Maître Pierre : - Florence est une jeune femme, elle ressemble plus à son époque qu'au village, nous avons eu son âge.

Yvonne : - Mais elle ne m'a pas dit bonjour depuis plus d'un mois ! On s'entendait si bien avant ! Du jour au lendemain !

Maître Pierre : - Votre fils lui a peut-être bredouillé des confidences sur l'oreiller !

Yvonne : - Oh !

Maître Pierre : - Quoi oh !

Yvonne : - Vous m'aviez promis, promis de ne jamais utiliser ce « votre. »

Maître Pierre : - Il faut donc croire que cette expression m'a échappé. Bref, votre bizarre ne méritait pas que vous délaissiez ainsi votre cuisine.

Yvonne : - Et d'ailleurs, que faites-vous ici à cette heure ?

Maître Pierre : - Hé pardi ! Je suis en mon étude. J'attends la clientèle.

Yvonne : - Et vous n'aviez pas rendez-vous avec le châtelain ?

Maître Pierre : - Oh zut ! (*il regarde sa montre*) Je me sauve... Vous direz à Florence que nous terminerons le dossier à mon retour...

Yvonne : - Naturellement... Florence connaît suffisamment son métier pour que je n'aie pas à lui préciser...

*Il est à un mètre de la porte donnant sur l'extérieur quand Florence, en colère, ouvre la porte secrétariat, tenant de la main droite le dossier.*

Maître Pierre : - Florence, j'ai rendez-vous avec le châtelain... Excusez-moi...

*Le notaire sort rapidement.*

Yvonne : - Vous entrez chez le notaire comme dans un moulin, sans frapper.

Florence : - Mais j'ai frappé, madame Yvonne. Peut-être devriez-vous consulter un spécialiste.

Yvonne : - Oh !

Florence : - Vous vouliez dire « *certes* », je suppose. Voyez donc un audioprothésiste.

Yvonne : - Oh ! Décidemment, cette journée n'annonce rien de bon. Mes calculs astrologiques se révèlent une nouvelle fois exacts. Puisque c'est ainsi, vous mangerez ce que vous trouverez, je vais me recoucher !

Florence : - Vous allez !...

Yvonne : - Oui Florence... La dernière fois que mes calculs astrologiques ont donné 124... Oh non ! Oh mon Dieu ! Quel drame va nous tomber dessus aujourd'hui ?

Florence : - Et qu'advint-il alors ?

Yvonne : - Vous êtes trop curieuse parfois, ma fille.

*Yvonne fait un pas en direction de la porte.*

Florence : - C'était le matin du puits.

*Yvonne vacille. Se retourne.*

Yvonne : - Vous venez de dire ?

Florence : - Je vous posais une question... La journée 124, c'était bien celle du puits ?

Yvonne : - Mon Dieu ! Mon Dieu ! (*elle s'effondre sur une chaise*)

Florence, *tente de la relancer (doucement)* : - Le puits...

Yvonne : - Qui vous a parlé du puits !

Florence : - Vous, Yvonne.

Yvonne : - Je ne vous ai jamais rien dit.

Florence : - Justement, il faudrait m'expliquer, sinon j'imagine.

Yvonne, *se lève* : - N'imaginez jamais Florence ! Tout le monde a ses secrets. Mon Dieu ! Et vous annoncerez aux hommes que je suis souffrante, qu'il ne faut pas me déranger.

*Yvonne sort.*

Florence, *s'assied dans le fauteuil du notaire* : - Je devrais peut-être prendre mes jambes à mon cou et quitter cette maison de fous !... Ah non !... Quand même pas au moment où tout va s'arranger ! Il a intérêt de me la modifier cette petite phrase ! Il faut quand même qu'on se dépêche de passer une nuit ensemble ! (*Florence sourit*) Si dans deux siècles quelqu'un déterre toute cette famille pour des tests ADN, quel sac de nœuds ! Mais enfin, tout le monde sera heureux ! Le bonheur dans l'ignorance ! Marcel se demandera comment il a réussi à me faire un enfant mais il sera fou de joie ! Pierrot va triompher ! Et moi ! Je suis la reine Machiavelle ! Et en plus amoureuse ! Et si en plus c'était réciproque ? Pauvre notaire ! Encore une fois cocu ! Et cette fois avec son écrivain préféré !... Il avait tellement besoin d'être consolé !... Les hommes sont vraiment aveugles et naïfs. Encore attendre cette traînée incapable de rester fidèle trois mois en Ethiopie, quand je suis si près... Quelle grande dynamique ! Tu es mon ami, mon amour, mon amimour. Ah ! si notre câlin pouvait devenir quotidien... Calme-toi Flo... Personne ne doit deviner pour l'instant cet amour clandestin... Je divorcerai avec un pactole et on vivra ensemble, mon écrivain adoré. Mon amimour, notre Amour nous le vivrons au quotidien, ne t'inquiète pas, nous pouvons dire ou écrire mon chéri ou mon amour à d'autres et continuer notre grande dynamique. Ils ne peuvent pas nous comprendre...

*On frappe.*

Florence : - C'est ouvert.

*Entre Marcel (très efféminé).*

Marcel : - Oh Flo ! Toi dans le grand fauteuil de père ! Oh Flo ! S'il te voyait !

Florence : - J'ai autant droit à cette place que lui !

Marcel : - Oh Flo !

Florence : - Finalement, maître Pierre n'a jamais obtenu le moindre diplôme et tout le monde le croit notaire.

Marcel : - Oh Flo ! Père déteste qu'on l'appelle ainsi, tu le sais bien.

Florence : - Quoi, maître Pierre, ça swingue !

Marcel : - A son époque, tu le sais bien, tous les métiers s'apprenaient sur le tas. Il faut plutôt admirer son parcours.

Florence : - Tu l'admires vraiment ! Franchement ? Entre nous, dans le secret de ce confessionnal improvisé.

Marcel : - Oh Flo ! Tu plaisantes ? Avoir maintenue vivace cette étude à la campagne, c'est une véritable performance, tu le sais bien..

Florence : - Est-ce que tu m'aimes ?

Marcel : - Oh Flo ! Que se passe-t-il ?

Florence : - Tu ne m'écris jamais de grandes lettres d'amour.

Marcel : - Oh Flo ! Tu sais bien...

Florence : - Ça faisait si longtemps que nous n'avions pas fait l'amour.

Marcel : - Fait l'amour !

Florence : - C'est charmant ! Tu ne te souviens plus !

Marcel : - Oh Flo ! Mais si !...

Florence : - Tu étais vraiment ivre !

Marcel, *troublé :* - Je disais... Faire l'amour... C'est bien normal pour un jeune couple...

Florence : - Mais c'est rare.

Marcel : - Rare, rare... Tu comptes, toi ?

Florence : - Les doigts d'une seule main suffisent.

Marcel : - Oh Flo... Tu sais combien je suis harassé, vidé, toujours sur les routes... Et tu sais comme elles tournent, comme elles sont mauvaises. Et cette histoire d'étude me perturbe... Tu sais bien qu'il me faut au moins neuf heures de bon sommeil. Je me demande vraiment pourquoi père ne veut pas qu'au moins nous soyons associés. Je ne demande rien d'extraordinaire. Les collègues ont des petits sourires déplaisants quand ils me posent la question.

Florence : - Il suffirait que tu ne lui laisses pas le choix.

Marcel : - J'aimerais t'y voir !

Florence : - C'est simple : j'arrive, je m'assieds sur le bureau, je le regarde droit dans les yeux, je fredonne « tin tin tin. »

Marcel : - Tu sais bien que personne ne peut soutenir son regard !

Florence : - Un certain Ternoise l'a fait.

Marcel : - Ça ne lui a pas porté bonheur. Jamais il n'aura son trottoir.

Florence : - Moi aussi, si je veux, je soutiens son regard, au vieux.

Marcel : - Oh Flo !

Florence : - Alors, tu lui balances : « puisque tu souhaites travailler jusqu'à 96 ans, je vais reprendre une étude à Cahors. »

Marcel : - Et s'il me répond « bonne chance, le fiston. »

Florence : - Hé bien ! Nous partirons à Cahors ! Mais il n'osera jamais prendre ce risque (*sourire*), il sait bien qu'il te suffirait de quelques mois pour que ton étude prenne nettement plus d'importance que la sienne.

Marcel : - Je n'oserai jamais. Et tu sais bien que je ne ferai jamais rien qui puisse le contrarier.

Florence : - Tu as la possibilité plus radicale : tu descends une demie bouteille de whisky et tu l'attrapes par la cravate, tu lui cries dans les oreilles « tu signes ou je te casse la gueule. »

Marcel : - Oh Flo ! Où vas-tu chercher tout ça ? Parfois tu me fais frémir !

*On sonne.*

Florence : - Si c'est un client, tu tiens le rôle du notaire officiel. Je vais ouvrir. (*Florence se lève et sort, Marcel reste perplexe*)
*Quelques instants.*
*Du couloir :*
Florence : - Je vous en prie, mesdames, je vous suis.
*Entre madame Deuly, suivie de sa sœur puis Florence.*
Madame Deuly : - Bonjour maître.
Marcel, *s'approchant et lui serrant la main* : - Bonjour madame. Que pouvons-nous faire pour votre service ?
La sœur : - Bonjour maître. Je suis juste une sœur invitée à découvrir ce petit coin de paradis.
Marcel, *lui serrant la main* : - Bienvenue dans notre paradis. Vous avez eu la chance d'être accueillie par un ange (*regardant Florence*).

Madame Deuly : - Comme je l'ai indiqué à votre secrétaire, je souhaite acheter une maison dans le village.
Marcel : - C'est un très bon choix, madame, un village très calme, très préservé. Avez-vous un budget précis, une recherche spécifique, une belle propriétaire Quercynoise ? Vous souhaitez vous installer en famille, je suppose.
Madame Deuly : - En fait, je souhaiterais acheter une maison au bourg.
Florence , *s'exclamant* : - Au bourg !

*Surpris de son intervention, ils la regardent.*

Florence : - Le bourg, ce ne sont que quelques maisons.

Madame Deuly : - Justement... mon ami y vivant (*Florence ne peut retenir un regard scrutateur*) D'ailleurs je n'ai rien à vous cacher : je suis en instance de divorce, le juge va m'attribuer une somme rondelette, mon mari ayant signé le pré-accord. Avec cet argent je pense pouvoir acquérir la maison à vendre dans le bourg.

Florence : - Afin d'être proche de votre ami, si j'ai bien suivi... comme il n'y a qu'un seul habitant à plein temps dans ce bourg historique...

Madame Deuly : - Ma religion m'interdit de vivre avec une personne athée. Mais l'Amour est plus fort que ces convictions. Alors nous avons trouvé cette solution.

Florence : - C'est dommage madame. Mais cette maison n'est plus en vente. Nous devons signer dans quelques jours.

Madame Deuly : - Pourtant j'ai parlé au propriétaire la semaine dernière.

Florence : - Je suis désolée madame, vraiment désolée mais nous avons donné notre parole à un acheteur et comme vous le savez, la parole est d'or, on ne trahit pas sa parole même pour un beau sourire.

Madame Deuly : - Vous avez d'autres maisons à me proposer, dans le secteur ? En face, ce serait l'idéal mais quelques kilomètres, ce serait mieux que rien.

Marcel : - Je vous conseille de revenir cette après-midi, quand mon père sera présent, c'est lui le patron de cette étude, je suis son fils, notaire à Cahors. Tenez, voici ma carte personnelle (*il prend une carte dans la poche de sa chemise et la lui tend*), si vous souhaitez acheter sur Cahors, je suis à votre service. Mais pour le canton, mieux vaut que vous repassiez disons vers 15 heures, si cela vous convient ?

Madame Deuly : - 15 heures, oui, parfait.

Marcel : - Florence, vous voulez bien noter le rendez-vous sur l'agenda ?

Florence : - Naturellement, maître (*elle passe derrière le bureau et note un mot qui doit être très court... puis se précipite à la porte*)

*Florence ouvre la porte derrière le dos de madame Deuly et s'exprimera de manière très sèche.*

Florence : - Au revoir mesdames, je serai très heureuse de vous revoir cette après-midi, et ravi d'avoir fait votre connaissance.

Madame Deuly, *ayant sursauté au début de la phrase puis oscillé de Marcel à Florence* : - Au revoir maître. (*il lui tend la main, elle lui serre, échange un regard avec se sœur, se retourne et sort*)

La sœur : - Au revoir maître. (*ils se serrent la main*)

Madame Deuly : - Au revoir madame.

La sœur : - Au revoir madame.

Florence : - Comme vous connaissez le couloir et comme nous devons nous revoir si vous le souhaitez vraiment, je me permets de ne pas vous raccompagner (*elle referme brusquement la porte*).

Marcel : - Chérie, mais qu'est-ce qu'elle t'a fait ?

Florence : - Tu crois que maître Pierre va vouloir vendre cette maison à l'amante de son écrivain préféré ? Et c'est quoi, son histoire de religion ? Comme dirait Georges Frêche, elle n'a pas l'air très catholique, cette nana, elle serait une source d'ennuis dans le village. Elle va y ramener toute sa tribu ? « Une sœur », elle en a combien de sœurs, dix-sept ?

Marcel : - Chérie, que se passe-t-il ? Pourquoi te mettre dans cet état pour une pauvre femme en instance de divorce, qui souhaite simplement acheter une vieille bicoque invendable, en face de l'homme, du marginal qu'elle semble aimer.

Florence : - Mais ce n'est pas n'importe quel homme !

## Rideau

# Acte 3

*Même décor. Le notaire derrière son bureau. Florence,*
*enceinte, assise sur une chaise à la droite du bureau.*
*Devant le bureau, assis : Madame le maire du village et*
*Stéphane Ternoise. Florence, le plus discrètement qu'il lui*
*est possible, le dévore régulièrement des yeux.*
*Madame le maire signe les feuillets d'une pochette verte.*

Madame le maire : - Et voilà, tout est en ordre. Une
dernière signature. Encore une bonne chose de faite.

Maître Pierre : - Florence a rédigé l'acte, tout est donc
parfait. Pour nous, un tel acte, c'est la routine, notre pain
quotidien.

Madame le maire : - Enfin, je suis satisfaite que cette
affaire se termine... (*se tournant vers Stéphane* :) je pense
que certaines pages de certains sites Internet vont ainsi
êtes positivement modifiées.

Stéphane Ternoise : - Vous savez... Je ne suis pas
propriétaire de l'ensemble des sites Internet de la planète.
Même pas de ceux de l'espace francophone. Qui plus est,
même dans le canton, des voix divergentes peuvent
s'exprimer ! Internet est un espace démocratique rarement
présent en démocratie.

Madame le maire, *en souriant :* - Je vous fais confiance.
Je crois que vous savez très bien les pages auxquelles je
me réfère. Notre village a besoin d'entente cordiale, c'est
aussi mon rôle d'apaiser les relations.

Stéphane Ternoise, *en souriant :* - Vous le savez bien, un
écrivain se sert de sa vie comme source principale
d'inspiration. Imaginez qu'un jour je me mette au théâtre
et qu'une de mes pièces présente Madame le maire et
monsieur le notaire d'un petit village du Quercy.

Maître Pierre : - Ce serait déloyal, monsieur.

115

Stéphane Ternoise, *très badin* : - Je sais naturellement que la loyauté est un des piliers de votre ordre.

Maître Pierre : - Je suis très heureux de vous l'entendre ainsi rappeler.

Stéphane Ternoise : - Mais l'écrivain n'a pas à se plier aux apparences, aux contingences, aux allégeances, il peut exposer le noyau noir de sa vie, et celui des autres. Chaque profession a ses grandeurs et ses bassesses.

Madame le maire : - La vie m'a appris qu'il est toujours préférable de ne pas généraliser.

Stéphane Ternoise : - Alors généralisons ! Car tous les métiers sécrètent une déformation professionnelle, les écrivains puisent dans leur vie, les viticulteurs vérifient du matin au soir si leur vin vieillit bien, les institutrices font des enfants, les voyageurs draguent les femmes seules, les fonctionnaires bougonnent et il est même des professions où l'on tente systématiquement d'obtenir un peu d'argent en liquide.

Madame le maire, *se levant* : - Maintenant que tout est ordre, nous n'allons pas vous déranger plus longtemps, maître…

Stéphane Ternoise, *se levant et se tournant vers Madame le maire* : - Ne vous inquiétez pas, Madame le maire ! Je parlais naturellement des agriculteurs et leur propension à vendre sans facture.

Madame le maire, *lui souriant* : - De part ma profession, j'avais saisi. Il est même des agriculteurs qui chaque année me demandent s'il n'y aurait pas un moyen de contourner la loi. Pour les subventions, ils veulent des factures mais quand il s'agit de gruger l'état, ils sont les premiers. Nous sommes passés depuis bien longtemps à la comptabilité réelle et ce genre de pratique est de l'histoire ancienne. Comme dans de nombreuses professions.

Stéphane Ternoise : - Ce qui n'empêche pas certains d'essayer !

*Maître Pierre se retient de réagir...*

Madame le maire : - Quand l'honnêteté y gagne, tout le monde est gagnant. (*se tournant vers le notaire, approchant sa main droite pour serrer celle de son premier adjoint*) Pierrot, on se voit demain soir au Conseil.

Maître Pierre : - Si notre Dieu à tous me prête vie ! Je n'ai jamais raté un Conseil depuis mon élection. Même avec 39,7 de fièvre, j'étais fidèle au poste. Je crois qu'un jour je mériterai une citation dans le livre des records.

Madame le maire : - L'homme le plus ponctuel du canton (*elle se tourne vers Florence et, lui serrant la main* :) Florence, vous allez donc bientôt laisser votre beau-père sans secrétariat.

Florence : - Il ne sera jamais seul ! Marcel débute en associé le vingt-trois.

Madame le maire, *se tournant vers le notaire* : - Alors c'est fait ! Le fiston revient au village.

Maître Pierre : - Je pensais vous l'annoncer au Conseil... Florence, vous m'avez grillé.

Florence : - Oh excusez-moi, désolée...

Madame le maire : - Je garde l'information pour moi. Case « confidentiel. » Je vous laisserai la parole à la fin du Conseil. Si vous le permettez je préparerai le champagne.

Maître Pierre : - Oh, ce n'est pas nécessaire, c'est dans l'ordre des choses, n'en faisons pas un événement.

Madame le maire : - Vous connaissez ma position : « il ne faut jamais rater l'occasion de servir le verre de l'amitié, il rapproche ainsi les gens, ressoude la sensation d'appartenir à une communauté, en un mot, l'amitié. »

Stéphane Ternoise, *voix faible, durant la respiration de Madame le maire* : - Surtout quand il est payé par la collectivité ! (*Madame le maire et maître Pierre font comme s'ils n'avaient pas entendu et Florence sourit*) Madame le maire : - Enfin, Pierrot, nous en reparlerons et vous déciderez.

Stéphane Ternoise : - Tout est pour le mieux dans le meilleur des mondes.

Maître Pierre, *tout sourire* : - Vous l'avez dit !

Stéphane Ternoise, *serrant la main du notaire* : - C'est une réplique d'un ami, le sieur Voltaire. Un brave homme.

Maître Pierre : - Je m'en doutais.

Stéphane Ternoise : - Et maintenant que nous sommes voisins, nous pourrons dialoguer comme Candide et Pangloss.

Maître Pierre : - Je ne vais pas vous déranger ! Je ne vais pas déménager ! Mais le vieux Jeannot m'a tellement embêté que j'ai fini par l'acheter pour lui rendre service… C'est peut-être dommage, j'ai cru comprendre que votre fiancée aurait souhaité l'acquérir ensuite.

Stéphane Ternoise : - Oh, vous m'avez sûrement rendu service !

Maître Pierre, *dans un élan de sincérité :* - Je ne pensais pas vous rendre service !

Stéphane Ternoise : - Comme je raconte ma vie dans mes livres, je peux vous annoncer en exclusivité : draguée par un vieux séducteur dans l'avion Addis Abeba – Paris, elle m'a durant deux mois relégué d'amant officiel à cocu auquel on écrit toujours Amour avec un A majuscule, en rentrant du restaurant avec détour horizontal dans la propriété du Don Juan de pacotille, du baratineur, manipulateur professionnel. Dire que je la croyais d'une dignité absolue !

Madame le maire : - Y'a des femmes, on leur donnerait

le bon Dieu sans confession (*cette remarque suscite une forte réaction dans les regards entre le notaire, Florence et madame le maire, qui doivent penser à Yvonne, et madame le maire se sentir coupable de cette réplique en ce lieu ; Stéphane Ternoise n'étant pas dans cette émotion, continue, au départ donc hors de l'attention générale*).

Stéphane Ternoise : - Je ne sais pas si elle souhaitait vraiment l'acheter, cette maison. Si c'était sa preuve d'Amour, elle en trouvera une autre. C'est difficile à croire, les mots d'amour d'une femme qui vous a menti, trompé, trahi. Et même vous a menti en racontant, en réduisant à une amitié ayant un soir débordée en fusion, immédiatement regrettée. Alors qu'elle vous a caché durant des semaines cette drague qui se donnait des dehors d'amitié pour avancer inéluctablement vers la coucherie. Et elle souhaite t'imposer son Carlo comme un grand ami. Mais après, quand les incohérences sont trop nombreuses, et qu'un écrivain cesse parfois d'être aveugle, elle avoue y être retournée, retournée, avec plaisir, et sans préservatif. Je ne suis qu'un vieil écrivain blessé qui pensa l'avoir trouvé mais cherche encore l'Amour avec un A majuscule.

Maître Pierre, *visiblement ému, lui resserrant la main* : - Je vous souhaite de le trouver.

Stéphane Ternoise : - Il suffit d'une Femme exceptionnelle pour le bonheur d'un homme.

Maître Pierre : - Hé oui !

Stéphane Ternoise, *se tournant vers elle, serre la main de Florence* (*ils sont troublés*) : - Madame.

Florence, *retenant sa main plus que de nécessaire* : - Vous allez donc écrire une pièce de théâtre ?

Stéphane Ternoise : - Pas pour l'instant… Ce n'était qu'une réflexion de circonstance… Je reste fidèle au vieux roman. Quand on se sent bien quelque part, on a des difficultés à changer, ailleurs ça peut faire peur, quand on se sent bien dans un genre, on a des difficultés à le quitter... (*de plus en plus troublé*) Alors ça ne servirait à rien d'aller me divertir avec du théâtre... J'ai mes habitudes. Nous avons tous nos habitudes. Le théâtre contemporain n'intéresse personne. Comme l'intégrité et la dignité... Mais la vie est parfois surprenante, le bonheur peut vous tomber dessus quand on n'y croit plus...

Florence : - Je crois que vous pourriez faire de belles choses au théâtre. Quelqu'un a écrit que vous avez le don du dialogue.

Stéphane Ternoise : - Ça devait être l'un de mes pseudos ! Comme Stendhal a signé sous deux cents noms, je supplée les journalistes sûrement trop occupés ailleurs. Peut-être qu'un jour je changerai de vie, je changerai de genre... Vivre au moins quelques années dans l'harmonie... Et terminer ma vie fidèle... au théâtre... Qu'au moins ce ne soit pas une vie pour rien...

*Madame le maire, qui jetait des regards discrets au notaire, ouvre la porte.*

Florence : - La littérature est mon jardin secret.

Stéphane Ternoise, *en souriant* : - Vous êtes donc une exception dans le canton. Tenez bon, la littérature est la vraie vie... Et si un jour vous souhaitez devenir membre du jury salondulivre.net... Vous n'avez qu'à passer me voir.

Florence : - Oh merci !... Mais je doute d'être à la hauteur du jury d'un prix littéraire... Je suis une simple lectrice...

Stéphane Ternoise : - Lire permet de conserver une certaine humilité... Mais parfois il faut savoir saisir les occasions qui se présentent. C'est aussi cela la vie, des possibilités passent et on ne sait pas les cueillir...

Madame le maire : - Excusez-moi, mais on m'attend au bureau.

Stéphane Ternoise : - Je vous suis, Madame le maire, même si nos routes divergent, sont opposées.

Madame le maire : - Bonne journée mes amis.

Maître Pierre : - A vous pareillement, Christine.

*Stéphane sort avec Madame le maire, referme la porte.*

Maître Pierre : - Je croyais qu'il ne partirait jamais ! Vous avez exagéré Florence ! Vous ne croyez pas que de m'obliger à retirer mon veto à la mairie était déjà bien suffisant !

Florence : - Je souhaite moi aussi tout faire pour apaiser les tensions dans notre pays. Il est de notre devoir de travailler au rassemblement de la nation. *(on la sent ailleurs)*

Maître Pierre : - Tu vas bien ?

Florence : - Ce n'est pas tous les jours qu'on a la chance de parler avec un écrivain.

Maître Pierre : - Vous n'allez quand même pas me faire croire que sa conversation vous intéressait. Même si moi aussi il a réussi à m'émouvoir avec son histoire d'écrivain trahi.

Florence : - Je suis admirative des gens qui vivent debout.

Maître Pierre : - Ecrivain, écrivain, qu'il dit. En tout cas, il vit du RMI. Ça permet peut-être de se donner un genre, écrivain, de séduire les femmes fatiguées de leurs aventures africaines, mais ça ne nourrit pas son homme.

Florence : - Mais l'éternité lui appartient ! Qui se souviendra de nous dans 200 ans, alors que Molière, Racine, Hugo, Voltaire, Auster, sont éternels.

Maître Pierre : - Il est vrai que vous avez fait des études

121

littéraires. En tout cas, moi je préfère vivre comme je vis plutôt que dans la misère comme cet écrivaillon.

Florence : - Il faut une certaine grandeur pour accepter d'avancer à contre-courant.

Maître Pierre : - Ce n'est pas une raison pour vivre aux crochets de la société ! Il proclame refuser toute subvention mais n'hésite pas à se la couler douce au Rmi ! Il pourrait au moins être honnête !

*Florence éclate de rire.*

Maître Pierre : - Flo !

Florence : - Excusez-moi, je n'ai pas pu me retenir.

Maître Pierre : - Et qu'ai-je dit d'aussi drôle ?

Florence : - Le mot honnête, dans votre bouche.

Maître Pierre : - Oh ! Flo ! Comment me considères-tu ?

Florence : - En plus, c'est une réplique de ton écrivain préféré. Quand il se met en scène et se tourne en dérision.

Maître Pierre : - Parce qu'en plus vous achetez ses livres !

Florence : - Avec mon argent !

Maître Pierre : - Toi, ton mari devrait te surveiller ! Je trouve que tu vas un peu trop souvent là-haut !

Florence : - Oh ! Je marche ! Je ne suis avancée au bourg qu'une seule fois. Et c'était justement pour acheter son troisième livre. Parce que j'avais lu une excellente critique sur Internet... Tu ne vas quand même pas reprocher à une femme enceinte de marcher !

Maître Pierre : - Mais non, ma Flo. C'était juste pour te taquiner. Même pour une gloire posthume, je n'échangerais pas ma place contre la sienne... Je suis l'homme le plus heureux du monde... Approche douce, ma fleur, mon soleil, que j'effleure notre enfant. J'en deviens poète aussi !

Florence : - Pas ici, nous l'avions convenu.

Maître Pierre : - Où alors ?! Je suis quand même son papa à ce petit bout de chou qui m'a l'air bien vigoureux.

Florence, *apitoyée, s'approche* : - Allez, une main.

*Le notaire, la main gauche sur le ventre de sa belle-fille est aux anges. On frappe. Entre Yvonne. Le notaire, tout à son émerveillement, n'avait pas entendu frapper. Il sursaute, comme pris en faute.*

Yvonne : - Oh !... Le notaire a beau être votre beau-père, je ne pense pas que cette attitude soit bien convenable.

Maître Pierre, *soudain en colère* : - Madame, tu m'emmerdes.

Yvonne : - Oh !

Maître Pierre : - C'est la première fois de ma vie que je touche le ventre d'une femme enceinte. La première ! A soixante-cinq ans ! Il est certains sujets sur lesquels je vous prierais de tourner trente-sept fois votre langue avec d'ouvrir la bouche. Et qu'on n'aborde plus le sujet ! Silence !

Yvonne : - Mon Dieu (*elle joint les mains*) 124... 124... Mes calculs astrologiques sont à 124.

Florence, *en souriant* : - C'est la troisième fois cette année que vous paniquez à cause de vos calculs... Et que je sache, les deux premières fois, la terre ne s'est pas arrêtée de tourner. Elle tourne même sans jamais dévier de sa route, elle !

Yvonne : - Ma fille... Ma fille... Dieu vous pardonne... Vous ne savez pas tout... Heureux les innocents...

*Florence la fixe.*

Florence, *en souriant* : - Vous devriez prendre du Prozac, comme vous l'a prescrit le docteur.

Yvonne : - Le docteur, oh ma fille, si vous saviez ! Des mises en garde ! Pour annoncer un engrenage. Et l'inéluctable avance pas à pas... Mon Dieu... 124 était sorti deux fois aussi avant...

*Le notaire fait un geste de la main pour sa belle-fille, en direction de son épouse, signifiant : elle est folle.*

Yvonne : - Je n'y avais pas fait attention, la première fois... J'étais à l'âge de l'ignorance.

Maître Pierre : - Madame, vous divaguez. Laissez-nous travailler.

Florence, *en souriant* : - Je crois que ce midi nous mangerons des sardines... Heureusement, l'armoire est pleine de cakes ! Je suppose, madame Yvonne, que vous préférez retourner vous coucher...

Yvonne : - Ne souriez pas ma fille... N'ironisez pas ainsi ma fille... Oui ma fille... Je n'ai plus que cela à faire... Ne souriez pas... Vous ne savez pas sur qui va tomber la foudre aujourd'hui... Je ne peux m'opposer à l'inéluctable... J'ai pourtant tout essayé... J'ai fait une neuvaine, brûlé des cierges, prié Saint Benoît, Saint Christophe ! Notre Saint Jean-Gabriel Perboyre. J'ai même interpellé notre regretté Jean-Paul II, le Saint Homme... (*elle joint les mains*) Je m'en remets à ta volonté, Seigneur.

*Elle fixe une toile (un château), se signe puis sort en courant.*

Maître Pierre : - Si on ne la connaissait pas, elle nous donnerait le cafard.

Florence : - Pauvre femme... Où mènent les superstitions ! Mais qu'y a-t-il dans le coffre-fort ? (*le montrant de la tête*)

Maître Pierre : - Pourquoi me poses-tu cette question ?

Florence : - Je ne t'ai jamais vu l'ouvrir... Yvonne a fixé avec une telle intensité le tableau, j'en conclus qu'elle scrutait derrière la toile.

Maître Pierre : - La pierre.

Florence : - Oh ! La pierre ! Vous gardez dans votre coffre la pierre qui a tué son amant.

Maître Pierre : - Je l'ai cachée là le premier jour. A cause du sang. Je souhaitais la jeter dans la Garonne. Et les années sont passées. Le temps passe si vite quand...

Florence : - Il faut le faire. Vous ne pouvez quand même pas garder cette pierre alors que Marcel...

Maître Pierre : - J'ai bien réalisé l'acte de ce Ternoise, je peux jeter cette pierre.

Florence : - Montre-la moi.

Maître Pierre : - Ça non !

Florence : - Et pourquoi ? Puisque tu vas la jeter, j'ai le droit de la voir.

Maître Pierre : - Tu oublies ton état ! Tu crois que je me le pardonnerais si je te causais un choc !

Florence : - Bon... Parfois tu as raison ! Mais tu me promets de la balancer aujourd'hui.

Maître Pierre : - Je vais à Montauban cette après-midi... Je crois d'ailleurs que je vais partir tout de suite et me payer le restaurant.

Florence : - Alors je mangerai des sardines seule.

Maître Pierre : - Votre mari doit rentrer ce midi.

Florence, *en souriant* : - Je l'oubliais celui-là !... Je vous laisse donc vous préparer.

*Elle fait deux pas vers la porte.*

Florence : - Bon courage.

Maître Pierre : - Merci Flo... Je te rapporte une bouteille de Sauternes ?... Et un peu de foie gras ?...

*Elle lui envoie un baiser, sourit et sort.*

Maître Pierre : - Cette pierre n'a plus rien à faire ici. J'ai quand même été imprudent de la garder. Je vis dangereusement ! Comment aurais-je expliqué le sang de cet idiot sur une pierre dans mon coffre-fort ! (*en souriant*) Personne n'aurait osé demander l'ouverture du coffre-fort du notaire !

*Tout en parlant, il se lève, va au coffre-fort, retire le tableau, le pose sur une chaise, prend son trousseau de clés, ouvre le coffre-fort et caresse la pierre.*

Maître Pierre : - J'ai ici assez de secrets pour déclencher une guerre civile dans le canton... L'arme fatale !

*Marcel entre sans frapper, une bouteille de whisky en main, claque la porte, titube, regarde vers le bureau et ne voit pas le notaire.*

Marcel : - Où il est, où il est ! Il est pas là, ce salaud.

*Le notaire le regarde sans comprendre.*
*Marcel donne un coup de pied dans le bureau, renverse une chaise. Avec sa bouteille de whisky il jette par terre quelques dossiers ; elle se renverse sur le bureau. Il se retourne, fait deux pas vers la porte du secrétariat, et aperçoit le notaire.*
*Marcel se précipite vers lui, en titubant.*

Marcel : - Salaud.
Maître Pierre : - C'est à ton père que tu t'adresses ainsi. Veux-tu t'excuser immédiatement.
Marcel : - Maman m'a tout raconté. Salaud. Assassin.
*Marcel attrape le notaire par la cravate, le pousse contre le mur.*

Maître Pierre : - Hé doucement… (*il repousse Marcel qui continue à le tenir du bout des bras*) Ta mère est très perturbée ce matin… Tu ne connais pas très bien les femmes… Mais il y a des périodes où elles sont sujettes à certaines vapeurs… (*Marcel le fixe dans les yeux*)
Marcel : - Salaud, assassin.
Maître Pierre : - Tu as fêté ton départ de Cahors… Allez lâche-moi… Sinon je vais devoir te faire une prise de judo… Il faudra que tu te modères un peu niveau boissons quand…

*Marcel voit la pierre dans le coffre, pousse le notaire qui se cogne contre le mur, il prend la pierre dans le coffre et fonce sur le notaire, lui fracasse la tête. Le notaire n'a même pas le temps d'esquisser un geste.*
*Maître Pierre s'effondre en bredouillant « Flo ».*
*Florence entre, hurle « non ! »*

**Rideau - Fin**

127

# Les secrets de maître Pierre, notaire de campagne

*Tragicomédie en trois actes*

**Distribution : deux femmes, quatre hommes**

Maître Pierre, notaire, soixante-cinq ans, léger embonpoint
Yvonne, sa femme, soixante ans
Marcel, fils du notaire, trente-huit ans
Florence : épouse de Marcel, trente ans
Monsieur le maire du village, la cinquantaine prétentieuse
Stéphane Ternoise, écrivain indépendant, approche quarante ans.

L'utilisation de Stéphane Ternoise comme personnage est naturellement un jeu de l'auteur. Vous pouvez remplacer ce nom par celui qui vous plaira.

# Acte 1

*Un petit village du sud-ouest. L'étude de maître Pierre. Meubles anciens. Un bureau avec le fauteuil directeur du notaire. Deux chaises devant le bureau et quatre entre les deux portes, la première donnant sur l'extérieur (via un couloir), l'autre sur le secrétariat. Aux murs, quelques tableaux, scènes de chasse et châteaux.*

*Debout, Florence et Yvonne, des papiers en main.*

Yvonne : - Que se passe-t-il, Florence ?

Florence : - Comment avez-vous deviné que j'allais vous poser une question importante ?

Yvonne : - Yvonne ne dit rien mais elle devine tout.

Florence : - Oh !

Yvonne : - Comment oh !…

Florence : - Je voulais dire ah !

Yvonne : - Ah !

Florence : - Bref… Vous savez et il faut que je sache ! Je suis mariée avec votre fils depuis trois ans, professionnellement comme personnellement, vous savez pouvoir compter sur moi, bref, je dois tout savoir désormais. Pourquoi votre mari refuse de lui laisser l'étude ?

Yvonne : - Ah !

Florence : - Comment ah !

Yvonne : - Ah ! Mon fils ! Mon petit trésor !

Florence : - Il a maintenant 38 ans, l'ensemble de ses diplômes. Il a montré ses compétences à Cahors. Madame Yvonne, j'ai le droit de savoir. Je sens comme un secret planer au-dessus de cette maison.

Yvonne : - Ah ! Demandez au seul maître dans cette étude.

Florence : - Je suis sa secrétaire.

Yvonne : - Pas toujours.

Florence, *troublée* : - Mais quand je ne suis pas sa secrétaire… Il me parle comme à une enfant.

Yvonne : - Ah !

Florence : - Comment ah !

Yvonne : - Je voulais dire hé !

Florence : - Il faut que je sache la vérité. J'ai parfois l'impression que votre mari n'aime pas votre fils.

Yvonne, *qui fixe sa belle-fille avec surprise* : - Ah !

Florence : - Vous voulez dire hé ?

Yvonne : - Bref. Demandez à votre beau-père.

Florence : - Vous savez bien qu'il répond toujours la même chose : « *Hé ! Je suis en pleine forme. Votre mari apprend son métier. Hé ! Si j'abandonne l'étude, il en est certains qui n'hésiteront pas à essayer de me pousser dehors de ma fonction de premier adjoint au maire et de représentant au conseil intercommunal.* » On dirait qu'il a enregistré un disque et me le repasse à chaque question.

Yvonne : - J'entends la Mercedes de monsieur.

Florence : - Déjà !… Un jour il faudra que je sache tout.

Yvonne : - Ah ma fille ! Si vous pensez être la seule personne qui voudrait tout savoir dans cette vallée de larmes.

*Maître Pierre entre, pose sa veste sur le dossier d'une chaise tout en commençant à parler.*

Maître Pierre : - L'idiot ! Il m'appelle sur mon portable pour me demander pourquoi je ne l'ai pas informé de ce projet de ligne à Très Haute Tension… J'ai failli lui répondre « *je ne suis pas le journal télévisé, mon cher monsieur.* »

Florence : - Alors vous lui avez conseillé de revendre

immédiatement !... Ce qui nous fera une nouvelle commission.

Maître Pierre : - Hé ! Florence ! Que se passe-t-il ici ?

Florence : - Naturellement vous lui avez répondu que la ligne ne se fera pas. Que vous en avez encore parlé samedi avec votre ami le vénérable et vénal conseiller général.

Maître Pierre : - Exactement. Hé ! Pardi ! C'est la stricte vérité.

Yvonne : - Et bien sûr, personne n'ajoute que cet idiot se fout de nous, qu'il affirme la main sur le coeur une chose aux opposants à la Haute Tension mais reste copain cochon avec monsieur le président de son parti de notables, ce président de Conseil Général, ce complice d'une centrale nucléaire qui lui permet de vivre comme un nabab, d'entretenir sa bande de béni-oui-oui. Hé !, elle est belle la gauche !

Maître Pierre : - Oh Yvonne ! Que se passe-t-il ici ?

Yvonne : - Hé ! Parfois il faut que ça sorte ! Il m'énerve votre ami. Je ne voterai plus pour lui.

Maître Pierre : - Et pour qui veux-tu voter ?

Yvonne : - Hé ! Je voterai blanc.

Maître Pierre : - Bah ! Ça ne change rien.

Yvonne : - Hé ! Je voterai rouge.

Maître Pierre : - Si ton père t'entendait !

Yvonne : - Je voterai vert.

Maître Pierre : - Mais que se passe-t-il donc ici ? C'est la révolution de palais ou quoi ? Quelqu'un a téléphoné ? (*en souriant*) Nous n'avons quand même pas un contrôle fiscal !

Yvonne : - J'ai quand même parfois le droit de m'exprimer.

Maître Pierre : - Exprime-toi, exprime-toi, nous sommes en famille. Ils nous emmerdent avec cette ligne. Nous pensons tous la même chose ici. Vivement qu'elle soit

faite, qu'on touche les primes de l'EDF et que les fous vendent, que les affaires repartent. C'est un peu mou en ce moment, tu ne trouves pas ?

Yvonne : - Il est passé des jeunes, des nordistes, ils cherchent une maison pas chère et habitable.

Maître Pierre : - Pas chère, pas chère ! Mais ce canton ne va quand même pas devenir un refuge de rmistes !

Yvonne : - Ils repasseront cette après-midi. J'ai pensé que la maison en face du marginal pourrait leur convenir.

Maître Pierre : - Ne me parle plus de lui ! Tu ne sais pas qu'il a écrit une chanson contre la ligne ! Il rime pognon et haute tension. Oh ! Il commence à nous énerver avec ses sites internet, celui-là ! Il va bientôt se retrouver avec un contrôle fiscal ! Il devinera peut-être de où ça vient. Si au moins la ligne nous en débarrassait ! Vivement qu'on la fasse cette ligne ! Après tout, il y en a partout ! Quand elle sera plantée, au moins les gens n'en parleront plus et les prix repartiront. Elle s'insérera discrètement dans le décor, et personne ne la remarquera, je vous le parie.

Florence : - Je suis contre.

Maître Pierre : - Hé ! Vous vous lancez dans la politique, maintenant, Florence !

Florence : - Réfléchir est un droit. Même pour une femme ! Ça concerne mon avenir aussi cette ligne. Et celui de vos petits-enfants.

Maître Pierre : - Oh !... Je ne peux décidément pas vous laisser deux heures !... J'ai du courrier à vous dicter, Florence.

Florence : - Je vous écoute, maître Pierre.

Maître Pierre : - Florence !

Florence : - Oh ! C'est sorti tout seul ! Je suis presque confuse ! Quand même pas désolée !

Maître Pierre : - Si on se paye ma tête dans cette maison,

je voudrais comprendre quelle mouche vous a piquées (*il prend sur son bureau une tapette tue-mouche*).

Yvonne : - Je te laisse à ton sport préféré. Faites attention aux balles perdues, Florence.

Maître Pierre, *à Florence* : - Mais elle a regardé une émission humoristique, votre belle-mère !

*Yvonne sort.*

Maître Pierre, *s'asseyant, doucement* : - Vous avez eu une dispute, ma douce Flo ?

Florence : - Ce n'est plus tenable cette situation. Je souhaite que tu transmettes l'étude à Marcel.

Maître Pierre : - Hé ! Hé ! Marcel, Marcel, c'est encore un enfant. Hé ! Je suis en pleine forme ! Je ne suis pas agriculteur !

Florence, *qui l'interrompt* : - Ce n'est plus possible cette situation. Sinon je quitte l'étude.

Maître Pierre : - Oh ma Flo.

Florence : - Je ne suis pas ta Flo !

Maître Pierre : - Florence… Ne dites pas de bêtises (*il pose sa main droite à hauteur du cœur*) Mon cœur s'emballe rien qu'à ces mots.

Florence : - Marcel est exaspéré. Il ne comprend pas pourquoi vous ne l'aimez pas.

Maître Pierre : - Exaspéré ! Ah !

Florence : - Des ah ! Des oh ! Des hé ! J'en entends à longueur de journée !

Maître Pierre : - Hé ! C'est cela une famille ! On finit par avoir des expressions communes.

Florence : - Bref, vous allez un jour la lui transmettre, cette étude ? Ne tournez pas autour du pot, comme dirait ma copine Corinne ! Oui ou non ?

Maître Pierre : - Hé ! Pardi ! Naturellement. Il le faudra bien !

135

Florence : - Et quand ?

Maître Pierre, *fixe Florence* : - Approche.

Florence : - Ce n'est pas nécessaire.

Maître Pierre : - Les murs ont parfois des oreilles.

*Florence a une moue de désapprobation mais avance. Le notaire pose sa main gauche sur le ventre de sa belle-fille. Qui recule d'un pas.*

Florence : - Ah non ! Nous étions d'accord ! Jamais ici.

Maître Pierre : - Bon, j'attendrai mercredi.

Florence : - Je ne sais pas s'il y aura encore un mercredi.

Maître Pierre : - Oh !

Florence : - C'est comme ça !

Maître Pierre : - Ah ! J'ai toujours su qu'un jour il faudrait tout te raconter !... Hé ! Pourquoi pas maintenant !

*Silence. Florence regarde le notaire en se demandant quel nouveau stratagème il invente. Elle croise les bras.*

Maître Pierre : - Je suis d'accord pour laisser l'étude à ton mari fin décembre. En associé naturellement. Je ne vais quand même pas faire comme ces idiots qui prennent leur retraite en vociférant « *c'est mon droit* » et passent leurs journées sur un terrain de pétanque à regretter le temps du travail. Et ils meurent d'un cancer six mois plus tard, tellement la retraite les a détraqués.

*Silence.*

Florence : - Associé avec maître Marcel donc.

Maître Pierre : - Tout ce qu'il y a de plus légal. Les papiers sont d'ailleurs prêts. Nous n'avons plus qu'à les parapher et remplir toutes les conditions.

Florence : - Je les attendais, les « conditions. »

Maître Pierre : - Je suis d'accord pour vous assurer une rente mensuelle.

Florence, *en souriant* : - La grâce vous a visité !

Maître Pierre : - Ça ne dépend que de toi.

Florence : - Je m'attends au pire.

Maître Pierre : - Comment me considérez-vous, Flo ! Moi qui n'aime que toi.

Florence : - Je vous écoute.

Maître Pierre : - Nous allons avoir un enfant.

Florence : - Oh !

*Florence s'évanouie. Le notaire se précipite.*

Maître Pierre : - Ma belle. Ma belle (*il lui tapote le visage, l'embrasse*).

Florence, *ouvre les yeux* : - Vous êtes fou.

*Le notaire l'embrasse.*

Florence, *se retourne* : - Arrête. Tu es fou.

Maître Pierre : - Je ne t'ai pas obligée à t'allonger sur la moquette comme dans mes rêves.

Florence : - Tu es fou.

Maître Pierre : - J'ai mes raisons.

Florence : - C'est du sadisme ! Tu voudrais que Marcel croit être le père de son demi-frère. Mais tu es fou.

Maître Pierre, *après s'être relevé* : - Non !

Florence, *se relève :* - Tu voudrais être le père de ton petit-fils... Mais je deviens folle aussi d'imaginer ce que cette infamie donnerait (*elle s'assied*).

Maître Pierre, *semble réfléchir, puis* : - Notre enfant ne serait pas le demi-frère de ton mari.

Florence : - Ne m'embrouille pas ! As-tu déjà vu un enfant dire pépé à son papa. Dire papa à son frère !

Maître Pierre, *réfléchit puis* : - Notre enfant n'aurait aucun lien de véritable parenté avec ton mari.

Florence : - Parlons d'autre chose, c'est non.

Maître Pierre : - Tu n'as donc rien compris.

Florence : - J'ai compris que tu es fou… Déjà de forcer ta belle-fille à… À avoir de telles relations.

Maître Pierre : - C'est presque un autre sujet. Nous y trouvons tous les deux des avantages.

Florence : - J'ai honte le soir au côté de Marcel. Vous lui plantez un couteau dans le dos.

Maître Pierre : - La justice.

Florence : - Tu es fou.

Maître Pierre : - Tu n'as donc rien compris.

Florence, *se lève* : - Ah tu m'énerves ! C'est la deuxième fois en trente secondes que tu me balances ton « *tu n'as rien compris.* » Comme si j'avais cinq ans !

Maître Pierre, *calmement* : - Tu crois qu'un homme comme moi aurait pu coucher avec la femme de son fils.

Florence : - C'est pourtant le cas.

Maître Pierre : - Non.

Florence, *se rassied* : - Comment non ? Mais j'hallucine ! Tu divagues ! Tu es fou Pierrot ! Tu t'es entendu ! Non !
(*silence*)

Maître Pierre : - Tu commences à comprendre ?

Florence : - Il est temps que tu me confesses tout, je sens tellement une odeur de secret dans cette maison.

Maître Pierre : - Tu as déjà trouvé une ressemblance entre moi et ce Marcel ?

Florence : - Oh ! (*proche de s'évanouir de nouveau, se retient au bureau*)

Maître Pierre : - Hé ! Tu l'as dit, « Oh ! »

Florence : - Votre fils n'est pas votre fils !

Maître Pierre : - C'est le fils de ta belle-mère.

Florence : - Et vous avez épousé Yvonne pour obtenir l'étude en dot.

Maître Pierre, *effondré* : - Florence, vous me croyez à ce point intéressé.

Florence : - Ne me cachez plus la vérité. Les mots ne servent pas qu'à mentir. On ne battit rien de sincère, de solide sur le mensonge.

Maître Pierre : - Cocu.

Florence : - Oh !

Maître Pierre : - Le cocu du village.

Florence : - Oh ! Vous !

Maître Pierre : - Tu n'as jamais remarqué les petits sourires.

Florence : - Si vous croyez que j'accorde une quelconque importance aux sourires de ces gens.

Maître Pierre : - Sinon je serais maire.

Florence : - Je croyais que ça ne vous intéressait pas.

Maître Pierre : - Quand un si petit village a la chance d'avoir un notaire, il le nomme maire... Les élections ne devraient même pas exister dans ce cas-là. Et je suis l'éternel premier adjoint. Les emmerdes jamais les honneurs. TSC ! Tout Sauf le Cocu !

Florence : - Oh !

Maître Pierre : - Tu crois pas que ç'aurait été ma place, quand l'autre idiot s'est tué en mobylette ?

Florence : - Je croyais que c'était toi qui avais suggéré que son frère lui succède. Le frère d'un homme décoré ! On aime les médailles au village !

Maître Pierre : - Tu n'as quand même pas cru cela ! Elle était belle sa décoration ! Si je te racontais combien il a payé pour l'obtenir ! Son père était simple boulanger, et même pas le meilleur du canton, tu vois un peu la famille.

Florence : - Madame vous a... Oh !

Maître Pierre : - Trois mois après notre mariage.

Florence : - Oh ! Je ne pourrai jamais plus la regarder en face.

Maître Pierre : - Une passion. Une passion qu'elle a pleurniché. Après.

Florence : - Et vous les avez surpris ?

Maître Pierre : - Derrière la haie de buis.

Florence : - « N'ouvrez jamais cette porte, ça porte malheur. »

Maître Pierre : - Hé oui, devant le puits.

Florence : - Mais pourquoi ne pas avoir divorcé ?

Maître Pierre : - On ne divorçait pas en ce temps-là. On réglait ses affaires en famille.

Florence : - Pour l'étude.

Maître Pierre : - Oh Florence, vous me croyez vraiment...

Florence : - Je ne peux pas croire que ce soit par amour.

Maître Pierre : - L'amour, l'amour... Même si ça te semble impensable, j'ai aimé la mère de ton mari.

Florence : - Et elle ?

Maître Pierre : - Elle a hurlé.

Florence : - Hurlé ?

Maître Pierre : - Je n'ai plus rien à te cacher... Je lui ai fracassé la tête.

Florence : - Vous !

Maître Pierre : - Un notaire peut tuer.

Florence : - Vous êtes un assassin.

Maître Pierre : - On n'est pas un assassin quand on tue l'amant de sa femme.

Florence : - Et vous avez été condamné ?

Maître Pierre : - Tu sais bien que c'est un secret. Naturellement le docteur a attesté la chute de cheval. Il s'est débrouillé pour me faire signer un acte antidaté juste avant, donnant-donnant, tu vois. Le fils du médecin est médecin aussi et il vit dans un château. Tu sais maintenant comment ce château est entré dans sa famille. Mais lui, tout le monde a murmuré, « *il est malin.* » Elle ne trompe que toi et son fils, ta belle-mère, quand elle pleure au cimetière.

Florence : - Oh !

Maître Pierre : - Tu sais tout.

Florence : - Mais comment pouvez-vous être vraiment certain que Marcel ne soit pas votre fils ?

Maître Pierre : - Tu veux vraiment que j'entre dans les détails ?... (*silence... oui de la tête de Florence*) Quelques semaines après notre mariage, à mon grand désespoir, nous faisions déjà chambre à part, Yvonne prétendait souffrir d'atroces migraines dès que je l'approchais.

Florence : - Vous voulez dire qu'entre vous et madame !...

Maître Pierre : - La vie est rarement la vie rêvée. On a vingt-six ans, on épouse la fille du notaire, on devient notaire. Et il suffit qu'un étranger vienne s'installer au pays, qu'il sache bien chanter et tout s'effondre.

Florence : - Si j'ai un enfant de mon mari, il appellera pépé l'homme qui a tué son vrai pépé.

Maître Pierre : - Tu ne vas quand même pas me reprocher d'avoir réagi en homme.

Florence : - Il vous suffisait de divorcer et l'affaire était réglée. Entre gens civilisés on sait que toutes nos attractions ne sont que des réactions chimiques.

Maître Pierre, *sourit* : - Réactions chimiques ! Où vas-tu chercher tout ça !

Florence : - L'amour, les sentiments, tout ça, oui tout ça, notre vie, ce n'est qu'une suite de réactions chimiques. Heureusement l'esprit peut quand même se construire des notions d'équité, d'intégrité, de dignité. Et toute société

tente d'inculquer des règles morales qui ne sont qu'une manière de vivre ensemble sans se dévorer.

Maître Pierre : - Comme tu parles bien, ma Flo.

Florence : - Il est vrai que c'est insupportable pour vos idées judéo-chrétiennes, que nous ne soyons qu'un conglomérat d'atomes…

Maître Pierre : - Tu vois bien qu'il vaut mieux avoir un enfant de moi. Ainsi tu sauves tout, le cocu n'est plus cocu. Moins un par moins un, égal un.

Florence : - La vie ce n'est pas des mathématiques.

Maître Pierre : - Tu me laves le déshonneur. Tu rends propre le nom de ton enfant. Notre enfant sera l'enfant de la justice.

Florence : - Et Marcel ?

Maître Pierre : - Marcel est une erreur. Il ne saura jamais, ce sera notre secret. Tu pourras même divorcer ensuite si tu le souhaites. Je signerai les papiers nécessaires pour que l'héritier de l'étude soit notre fils.

Florence : - Et si c'est une fille !!!

Maître Pierre : - Hé ! Je suis large d'esprit ! Elle sera héritière.

Florence : - Ce que tu me demandes est ignoble.

Maître Pierre : - Tu ne peux plus répondre ça maintenant que tu sais.

Florence : - Mais comment vais-je pouvoir regarder Marcel en face ?

Maître Pierre : - Il te suffit d'arrêter la pilule et dans trois mois tu lui lanceras qu'il devrait rentrer plus souvent ivre, comme le soir où vous aviez eu des… des relations.

Florence : - Comment savez-vous qu'entre Marcel et moi ce n'est pas…

Maître Pierre : - Tu sais bien que votre chambre est juste derrière la petite salle me servant parfois de bureau.

Florence : - En plus tu m'espionnes !

Maître Pierre : - Hé ! Quand on aime quelqu'un, ce n'est pas l'espionner que de passer la nuit à écouter sa respiration.

Florence : - Ne joue pas les romantiques.

Maître Pierre : - Tu as sauvé ma vie, Flo.

*On frappe.*

Maître Pierre : - Entrez.

*Entre Yvonne*

Yvonne : - J'ai besoin de tes bras, Pierrot.

Maître Pierre : - Tu vois bien que nous sommes en plein travail. Ça ne peut pas attendre les bras du fiston ?

Yvonne : - Premièrement, je n'ai pas l'impression que vous soyez en plein travail, et deuxièmement, si tu veux manger ce midi...

Maître Pierre, *se lève* : - Bon, bon (*à Florence*) sortez le dossier et rédigez le préaccord.

*Florence se lève... Et dès que tout le monde est sorti, va s'effondrer dans le fauteuil du notaire.*

Florence : - Je fais quoi, moi, maintenant ? Si je ne couche plus avec lui, fini le fric. Une femme a besoin d'une cagnotte dans ce pays ! Mais avoir un enfant de lui ! Oh non ! Et ne pas en avoir ? Est-ce que Marcel m'en fera un, un jour ? Visiblement, le sexe et lui, ça fait deux. Alors ?... Voilà ce qui arrive quand on est pauvre et qu'après des études sans débouchés, on se laisse convaincre qu'un mariage d'intérêt est finalement préférable à une vie de caissière.

**Rideau**

# Acte 2

*Même décor, le notaire dans son fauteuil, Florence assise
sur l'une des chaises devant le bureau.*
*Le notaire lit une lettre à haute voix.*

Maître Pierre : - Monsieur le maire,
En octobre de l'année dernière, vous aviez jugé ma
demande conforme aux intérêts de la commune. Je
souhaitais simplement acquérir quelques mètres
carrés devant chez moi, afin d'y réaliser un trottoir et
une entrée digne de notre historique commune. Ce
qui n'influerait guère sur la taille de la place du
cimetière ni sur sa capacité d'accueil des voitures.
Qui plus est, mes travaux embelliraient le bourg.
Après votre accord de principe, cette demande a
soulevé des oppositions en votre vénérable conseil
municipal.
Je me permets donc de réitérer cette requête, cette
fois de manière officielle, par lettre recommandée.
Ainsi, soit ma demande sera acceptée, soit les motifs
du refus seront communiqués. Les deux issues
permettront de mettre fin à certaines rumeurs sur une
décision politique, ou celle d'une vengeance
personnelle suite à une tentative d'arnaque ayant
échoué…
Naturellement, si vous jugez préférable, afin d'éviter
toute remarque d'un enrichissement grâce à ses
fonctions, que cette transaction s'effectue ailleurs
qu'en l'étude de votre premier adjoint et néanmoins
notaire en notre commune, je m'engage à prendre en
charge nos frais de déplacement chez le notaire
compétent et intègre de votre choix.
Veuillez agréer… Etcetera…
*Silence.*

Maître Pierre : - Vous vous rendez compte, Florence, le petit con.

*Florence sourit.*

Maître Pierre : - Ça vous fait sourire, Florence !

Florence : - C'est bien tourné. Des sous-entendus précis, évidents, mais aucune diffamation.

Maître Pierre : - Bien écrit ! Hé ! Il n'est pas gêné, il est écrivain ! Il devrait avoir honte d'utiliser sa profession pour ainsi m'attaquer, « *tentative d'arnaque ayant échoué !* » Le scélérat ! Le petit con !

Florence : - Vous avez bien utilisé votre position pour vous venger !

Maître Pierre : - Florence ! Vous n'allez quand même pas me critiquer ! Jamais ! Tu m'entends ! Jamais il ne les aura ses trente mètres carrés. Même dix, même cinq, moi vivant, ce sera toujours non !

Florence : - Et si le conseil municipal juge sa demande recevable ?

Maître Pierre : - Tu sais bien que ce pauvre type n'a que le titre de maire, qu'il n'y connaît absolument rien à la gestion de notre commune, qu'en conséquent il n'a absolument rien à me refuser.

Florence : - Mais s'il te demande tes raisons ?

Maître Pierre : - Hé ! Est-ce que moi je lui demande ses raisons ?

Florence : - Tu es vraiment rancunier !

Maître Pierre : - Rancunier, moi ? Jamais ! (*en souriant*) Comme un homme ! Si comme tout poète digne de ce nom il se suicide, je suis d'accord pour rebaptiser une rue et prononcer un éloge funèbre. La mort absout de tout. Même du manquement à sa parole. J'ai de la religion, Florence, tu sais.

Florence : - Oh ! Vous souhaitez sa mort !

145

Maître Pierre : - C'est bon pour le tourisme d'avoir eu un poète ! Nous manquons d'attractivité ! Et il m'avait promis ma commission. Entre hommes, l'engagement passe avant le droit.

Florence : - Mais tu sais bien qu'elle n'était pas légale !

Maître Pierre : - Quand on promet on s'engage !

Florence : - Tu sais bien qu'il n'est pas fou. S'il ne t'avait pas promis ta petite commission sans facture tu l'aurais pigeonné !

Maître Pierre : - Les affaires sont les affaires ma fille ! Tu n'es pas née de la dernière pluie.

Florence : - Parlons donc de notre contrat.

*Le notaire soupire, en souriant, prend dans sa poche son trousseau de clés, ouvre un tiroir, en sort une chemise verte et la tend à Florence.*

Florence, *se lève* : - Bien, maître, je vais étudier cela comme un acte des affaires sont les affaires !

Maître Pierre : - Hé ! Tu peux lire ici... Tu sais comme te regarder est un de mes grands plaisirs.

Florence, *en souriant* : - Comme tu l'as si bien exprimé et comme je l'ai simplement répété : les affaires sont les affaires.

*Maître Pierre sourit, Florence sort.*

Maître Pierre : - Quelle femme ! Mais mon Dieu ! Comme c'est difficile de sauver sa vie ! « Pierrot aime l'argent ! » Ah ! S'ils savaient où va mon argent ! S'ils savaient ils diraient « Pierrot aime le cul. » Comme c'est difficile ! S'il savait le mal qu'il m'a fait ce Ternoise en me refusant ma petite commission. « Pierrot est le pire des magouilleurs. » Alors que je n'ai jamais réclamé plus que de nécessaire. Enfin (*il sourit*) tout s'arrange. Un enfant !

Je vais avoir un enfant ! Avec la plus belle femme du monde. J'aurai un véritable héritier ! J'ai quand même le droit aussi au bonheur. TSA, tout sauf l'assassin ! Mais je ne suis pas un assassin ! En période de guerre, les survivants sont décorés. C'est la loi qui est mauvaise ! Certains ont fait bien pire et pourtant, ils ont la légion d'honneur ! Je ne vais quand même pas porter ce fardeau toute ma vie ! Mais je les aurai à l'usure ! Je serai centenaire ! Ils seront tous au cimetière, ceux qui savent, ceux qui croient savoir, ceux qui ont deviné ! Je les écrase déjà par mon fric ! Je leur survivrai ! Je les enterrerai tous ! Et pourquoi ne le reconnaîtrais-je pas cet enfant ! Flo me prend pour un âne en matière scientifique… Mais je sais bien qu'avec un test ADN, je pourrais prouver qu'il n'est pas mon fils, cet idiot de Marcel, et prouver ma paternité ! Oh Flo ! Si je t'épousais, ma Flo ! Tant pis si la vieille se suicide ! Mon bonheur avant tout ! Et nous partirons de ce coin perdu ! Tu mérites mieux que tout ça, ma Flo…

*On frappe*

Maître Pierre : - Entrez.

*Yvonne entre.*

Yvonne : - Pierrot, il faut que je t'en cause… Car je suppose que tu n'as rien remarqué…

Maître Pierre : - Je t'écoute.

Yvonne : - Florence a l'air bizarre ces jours-ci.

Maître Pierre, *en souriant* : - Bizarre ? Tu as vraiment dit bizarre, comme c'est bizarre.

Yvonne : - N'ironisez pas. Elle nous cache quelque chose. Elle a changé.

Maître Pierre : - Florence est une jeune femme, elle ressemble plus à son époque qu'au village, nous avons eu son âge.

Yvonne : - Mais elle ne m'a pas dit bonjour depuis plus d'un mois ! On s'entendait si bien avant ! Du jour au lendemain !

Maître Pierre : - Votre fils lui a peut-être bredouillé des confidences sur l'oreiller !

Yvonne : - Oh !

Maître Pierre : - Quoi oh !

Yvonne : - Vous m'aviez promis, promis de ne jamais utiliser ce « votre. »

Maître Pierre : - Il faut donc croire que cette expression m'a échappé. Bref, votre bizarre ne méritait pas que vous délaissiez ainsi votre cuisine.

Yvonne : - Et d'ailleurs, que faites-vous ici à cette heure ?

Maître Pierre : - Hé pardi ! Je suis en mon étude. J'attends la clientèle.

Yvonne : - Et vous n'aviez pas rendez-vous avec le châtelain ?

Maître Pierre : - Oh zut ! (*il regarde sa montre*) Je me sauve… Vous direz à Florence que nous terminerons le dossier à mon retour…

Yvonne : - Naturellement… Florence connaît suffisamment son métier pour que je n'aie pas à lui préciser…

*Il est à un mètre de la porte donnant sur l'extérieur quand Florence, en colère, ouvre la porte secrétariat, tenant de la main droite le dossier.*

Maître Pierre : - Florence, j'ai rendez-vous avec le châtelain… Excusez-moi…

*Le notaire sort rapidement.*

Yvonne : - Vous entrez chez le notaire comme dans un moulin, sans frapper.

Florence : - Mais j'ai frappé, madame Yvonne. Peut-être devriez-vous consulter un spécialiste.

Yvonne : - Oh !

Florence : - Vous vouliez dire « *certes* », je suppose. Voyez donc un audioprothésiste.

Yvonne : - Oh ! Décidemment, cette journée n'annonce rien de bon. Mes calculs astrologiques se révèlent une nouvelle fois exacts. Puisque c'est ainsi, vous mangerez ce que vous trouverez, je vais me recoucher !

Florence : - Vous allez !...

Yvonne : - Oui Florence... La dernière fois que mes calculs astrologiques ont donné 124... Oh non ! Oh mon Dieu ! Quel drame va nous tomber dessus aujourd'hui ?

Florence : - Et qu'advint-il alors ?

Yvonne : - Vous êtes trop curieuse parfois, ma fille.

*Yvonne fait un pas en direction de la porte.*

Florence : - C'était le matin du puits.

*Yvonne vacille. Se retourne.*

Yvonne : - Vous venez de dire ?

Florence : - Je vous posais une question... La journée 124, c'était bien celle du puits ?

Yvonne : - Mon Dieu ! Mon Dieu ! (*elle s'effondre sur une chaise*)

Florence, *tente de la relancer (doucement)* : - Le puits...

Yvonne : - Qui vous a parlé du puits !

Florence : - Vous, Yvonne.

Yvonne : - Je ne vous ai jamais rien dit.

Florence : - Justement, il faudrait m'expliquer, sinon j'imagine.

Yvonne, *se lève* : - N'imaginez jamais Florence ! Tout le monde a ses secrets. Mon Dieu ! Et vous annoncerez aux

149

hommes que je suis souffrante, qu'il ne faut pas me déranger.

*Yvonne sort.*

Florence, *s'assied dans le fauteuil du notaire* : - Je devrais peut-être prendre mes jambes à mon cou et quitter cette maison de fous !… Ah non !… Quand même pas au moment où tout va s'arranger ! Il a intérêt de me la modifier cette petite phrase ! Il faut quand même qu'on se dépêche de passer une nuit ensemble ! (*Florence sourit*) Si dans deux siècles quelqu'un déterre toute cette famille pour des tests ADN, quel sac de nœuds ! Mais enfin, tout le monde sera heureux ! Le bonheur dans l'ignorance ! Marcel se demandera comment il a réussi à me faire un enfant mais il sera fou de joie ! Pierrot va triompher ! Et moi ! Je suis la reine Machiavelle ! Et en plus amoureuse ! Et si en plus c'était réciproque ? Pauvre notaire ! Encore une fois cocu ! Et cette fois avec son écrivain préféré !… Il avait tellement besoin d'être consolé !… Les hommes sont vraiment aveugles et naïfs. Encore attendre cette traînée incapable de rester fidèle trois mois en Ethiopie, quand je suis si près… Quelle grande dynamique ! Tu es mon ami, mon amour, mon amimour. Ah ! si notre câlin pouvait devenir quotidien… Calme-toi Flo… Personne ne doit deviner pour l'instant cet amour clandestin… Je divorcerai avec un pactole et on vivra ensemble, mon écrivain adoré. Mon amimour, notre Amour nous le vivrons au quotidien, ne t'inquiète pas, nous pouvons dire ou écrire mon chéri ou mon amour à d'autres et continuer notre grande dynamique. Ils ne peuvent pas nous comprendre…

*On frappe.*

Florence : - C'est ouvert.

*Entre Marcel (très efféminé).*

Marcel : - Oh Flo ! Toi dans le grand fauteuil de père ! Oh Flo ! S'il te voyait !

Florence : - J'ai autant droit à cette place que lui !

Marcel : - Oh Flo !

Florence : - Finalement, maître Pierre n'a jamais obtenu le moindre diplôme et tout le monde le croit notaire.

Marcel : - Oh Flo ! Père déteste qu'on l'appelle ainsi, tu le sais bien.

Florence : - Quoi, maître Pierre, ça swingue !

Marcel : - A son époque, tu le sais bien, tous les métiers s'apprenaient sur le tas. Il faut plutôt admirer son parcours.

Florence : - Tu l'admires vraiment ! Franchement ? Entre nous, dans le secret de ce confessionnal improvisé.

Marcel : - Oh Flo ! Tu plaisantes ? Avoir maintenue vivace cette étude à la campagne, c'est une véritable performance, tu le sais bien.

Florence : - Est-ce que tu m'aimes ?

Marcel : - Oh Flo ! Que se passe-t-il ?

Florence : - Tu ne m'écris jamais de grandes lettres d'amour.

Marcel : - Oh Flo ! Tu sais bien...

Florence : - Ça faisait si longtemps que nous n'avions pas fait l'amour.

Marcel : - Fait l'amour !

Florence : - C'est charmant ! Tu ne te souviens plus !

Marcel : - Oh Flo ! Mais si !...

Florence : - Tu étais vraiment ivre !

Marcel, *troublé :* - Je disais... Faire l'amour... C'est bien normal pour un jeune couple...

Florence : - Mais c'est rare.

Marcel : - Rare, rare… Tu comptes, toi ?

Florence : - Les doigts d'une seule main suffisent.

Marcel : - Oh Flo… Tu sais combien je suis harassé, vidé, toujours sur les routes… Et cette histoire d'étude me perturbe… Tu sais bien qu'il me faut au moins neuf heures de bon sommeil. Je me demande vraiment pourquoi père ne veut pas qu'au moins nous soyons associés. Je ne demande rien d'extraordinaire. Les collègues ont des petits sourires déplaisants quand ils me posent la question.

Florence : - Il suffirait que tu ne lui laisses pas le choix.

Marcel : - J'aimerais t'y voir !

Florence : - C'est simple : j'arrive, je m'assieds sur le bureau, je le regarde droit dans les yeux, je fredonne « tin tin tin.»

Marcel : - Tu sais bien que personne ne peut soutenir son regard !

Florence : - Un certain Ternoise l'a fait.

Marcel : - Ça ne lui a pas porté bonheur. Jamais il n'aura son trottoir.

Florence : - Moi aussi, si je veux, je soutiens son regard, au vieux.

Marcel : - Oh Flo !

Florence : - Alors, tu lui balances : « puisque tu souhaites travailler jusqu'à 96 ans, je vais reprendre une étude à Cahors.»

Marcel : - Et s'il me répond « bonne chance, le fiston.»

Florence : - Hé bien ! Nous partirons à Cahors ! Mais il n'osera jamais prendre ce risque (*sourire*), il sait bien qu'il te suffirait de quelques mois pour que ton étude prenne nettement plus d'importance que la sienne.

Marcel : - Je n'oserai jamais. Et tu sais bien que je ne ferai jamais rien qui puisse le contrarier.

Florence : - Tu as la possibilité plus radicale : tu descends une demie bouteille de whisky et tu l'attrapes par la cravate, tu lui cries dans les oreilles « tu signes ou je te casse la gueule. »

Marcel : - Oh Flo ! Où vas-tu chercher tout ça ? Parfois tu me fais frémir !

## Rideau

# Acte 3

*Même décor. Le notaire derrière son bureau. Florence, enceinte, assise sur une chaise à la droite du bureau. Devant le bureau, assis : Monsieur le maire du village et Stéphane Ternoise. Florence, le plus discrètement qu'il lui est possible, le dévore régulièrement des yeux. Monsieur le maire signe les feuillets d'une pochette verte.*

Monsieur le maire : - Et voilà, tout est en ordre. Une dernière signature. Encore une bonne chose de faite.

Maître Pierre : - Florence a rédigé l'acte, tout est donc parfait. Pour nous, un tel acte, c'est la routine, notre pain quotidien.

Monsieur le maire : - Enfin, je suis satisfait que cette affaire se termine... (*se tournant vers Stéphane :*) je pense que certaines pages de certains sites Internet vont ainsi êtes positivement modifiées.

Stéphane Ternoise : - Vous savez... Je ne suis pas propriétaire de l'ensemble des sites Internet de la planète. Même pas de ceux de l'espace francophone. Qui plus est, même dans le canton, des voix divergentes peuvent s'exprimer ! Internet est un espace démocratique rarement présent en démocratie.

Monsieur le maire, *en souriant :* - Je vous fais confiance. Je crois que vous savez très bien les pages auxquelles je me réfère. Notre village a besoin d'entente cordiale, c'est aussi mon rôle d'apaiser les relations.

Stéphane Ternoise, *en souriant :* - Vous le savez bien, un écrivain se sert de sa vie comme source principale d'inspiration. Imaginez qu'un jour je me mette au théâtre et qu'une de mes pièces présente Monsieur le maire et monsieur le notaire d'un petit village du Quercy.

Maître Pierre : - Ce serait déloyal, monsieur.

Stéphane Ternoise, *très badin* : - Je sais naturellement que la loyauté est un des piliers de votre ordre.

Maître Pierre : - Je suis très heureux de vous l'entendre ainsi rappeler.

Stéphane Ternoise : - Mais l'écrivain n'a pas à se plier aux apparences, aux contingences, aux allégeances, il peut exposer le noyau noir de sa vie, et celui des autres. Chaque profession a ses grandeurs et ses bassesses.

Monsieur le maire : - La vie m'a appris qu'il est toujours préférable de ne pas généraliser.

Stéphane Ternoise : - Alors généralisons ! Car tous les métiers sécrètent une déformation professionnelle, les écrivains puisent dans leur vie, les viticulteurs vérifient du matin au soir si leur vin vieillit bien, les institutrices font des enfants, les fonctionnaires bougonnent et il est même des professions où l'on tente systématiquement d'obtenir un peu d'argent en liquide.

Monsieur le maire, *se levant* : - Maintenant que tout est ordre, nous n'allons pas vous déranger plus longtemps, maître...

Stéphane Ternoise, *se levant et se tournant vers Monsieur le maire* : - Ne vous inquiétez pas, Monsieur le maire ! Je parlais naturellement des agriculteurs et leur propension à vendre sans facture.

Monsieur le maire, *lui souriant* : - De part ma profession, j'avais saisi. Il est même des agriculteurs qui chaque année me demandent s'il n'y aurait pas un moyen de contourner la loi. Pour les subventions, ils veulent des factures mais quand il s'agit de gruger l'état, ils sont les premiers. Nous sommes passés depuis bien longtemps à la comptabilité réelle et ce genre de pratique est de l'histoire ancienne. Comme dans de nombreuses professions.

Stéphane Ternoise : - Ce qui n'empêche pas certains d'essayer !

*Maître Pierre se retient de réagir...*

Monsieur le maire : - Quand l'honnêteté y gagne, tout le monde est gagnant. (*se tournant vers le notaire, approchant sa main droite pour serrer celle de son premier adjoint*) Pierrot, on se voit demain soir au Conseil.

Maître Pierre : - Si notre Dieu à tous me prête vie ! Je n'ai jamais raté un Conseil depuis mon élection. Même avec 39,2 de fièvre, j'étais fidèle au poste. Je crois qu'un jour je mériterai une citation dans le livre des records.

Monsieur le maire : - L'homme le plus ponctuel du canton (*Il se tourne vers Florence et, lui serrant la main :*) Florence, vous allez donc bientôt laisser votre beau-père sans secrétariat.

Florence : - Il ne sera jamais seul ! Marcel débute en associé le vingt-cinq.

Monsieur le maire, *se tournant vers le notaire* : - Alors c'est fait ! Le fiston revient au village.

Maître Pierre : - Je pensais vous l'annoncer au Conseil... Florence, vous m'avez grillé.

Florence : - Oh excusez-moi...

Monsieur le maire : - Je garde l'information pour moi. Case « confidentiel. » Je vous laisserai la parole à la fin du Conseil. Si vous le permettez je ferai préparer le champagne.

Maître Pierre : - Oh, ce n'est pas nécessaire, c'est dans l'ordre des choses, n'en faisons pas un événement.

Monsieur le maire : - Vous connaissez ma position : « il ne faut jamais rater l'occasion de servir le verre de l'amitié, il rapproche ainsi les gens, ressoude la sensation d'appartenir à une communauté, en un mot, l'amitié. »

Stéphane Ternoise, *voix faible, durant la respiration de Monsieur le maire* : - Surtout quand il est payé par la

156

collectivité ! (*Monsieur le maire et maître Pierre font comme s'ils n'avaient pas entendu et Florence sourit*)

Monsieur le maire : - Enfin, Pierrot, nous en reparlerons et vous déciderez.

Stéphane Ternoise : - Tout est pour le mieux dans le meilleur des mondes.

Maître Pierre, *tout sourire* : - Vous l'avez dit !

Stéphane Ternoise, *serrant la main du notaire* : - C'est une réplique d'un ami, le sieur Voltaire. Un brave homme.

Maître Pierre : - Je m'en doutais.

Stéphane Ternoise, *serre la main de Florence* (*ils sont troublés*) : - Madame.

Florence, *retenant sa main plus que de nécessaire* : - Vous allez donc nous écrire une pièce de théâtre ?

Stéphane Ternoise : - Pas pour l'instant... Ce n'était qu'une réflexion de circonstance... Je reste fidèle au vieux roman. Quand on se sent bien quelque part, on a des difficultés à changer, ailleurs ça peut faire peur, quand on se sent bien dans un genre, on a des difficultés à le quitter... (*de plus en plus troublé*) Alors ça ne servirait à rien d'aller me divertir avec du théâtre... J'ai mes habitudes. Nous avons tous nos habitudes. Le théâtre contemporain n'intéresse personne.

Florence : - Pourtant je crois que vous pourriez faire de belles choses au théâtre. Quelqu'un a écrit que vous avez le don du dialogue.

Stéphane Ternoise : - Ça devait être l'un de mes pseudos ! Comme Stendhal a signé sous deux cents noms, je supplée les journalistes sûrement trop occupés ailleurs. Peut-être qu'un jour je changerai de vie, je changerai de genre... Et terminerai ma vie fidèle au théâtre...

*Monsieur le maire, qui jetait des regards discrets au notaire, ouvre la porte.*

Florence : - La littérature est mon jardin secret.

Stéphane Ternoise, *en souriant* : - Vous êtes donc une exception dans le canton. Tenez bon, la littérature est la vraie vie... Et si un jour vous souhaitez devenir membre du jury salondulivre.net... Vous n'avez qu'à passer me voir.

Florence : - Oh merci !... Mais je doute d'être à la hauteur du jury d'un prix littéraire... Je suis une simple lectrice...

Stéphane Ternoise : - Lire permet de conserver une certaine humilité... Mais parfois il faut savoir saisir les occasions qui se présentent.

Monsieur le maire : - Excusez-moi, mais on m'attend au bureau.

Stéphane Ternoise : - Je vous suis, Monsieur le maire, même si nos routes sont opposées.

Monsieur le maire : - Bonne journée mes amis.

Maître Pierre : - A vous pareillement, Christophe.

*Stéphane sort avec Monsieur le maire, referme la porte.*

Maître Pierre : - Je croyais qu'il ne partirait jamais ! Vous avez exagéré Florence ! Vous ne croyez pas que de m'obliger à retirer mon veto à la mairie était déjà bien suffisant !

Florence : - Je souhaite moi aussi tout faire pour apaiser les tensions dans notre pays. Il est de notre devoir de travailler au rassemblement de la nation (*on la sent ailleurs*)

Maître Pierre : - Tu vas bien ?

Florence : - Ce n'est pas tous les jours qu'on a la chance de parler avec un écrivain.

Maître Pierre : - Vous n'allez quand même pas me faire croire que sa conversation vous intéressait.

Florence : - Je suis admirative des gens qui vivent debout.

Maître Pierre : - Ecrivain, écrivain, qu'il dit. En tout cas, il vit du RMI. Ça permet peut-être de se donner un genre, écrivain, mais ça ne nourrit pas son homme.

Florence : - Mais l'éternité lui appartient ! Qui se souviendra de nous dans 200 ans, alors que Molière, Racine, Hugo, Voltaire, Auster, sont éternels.

Maître Pierre : - Il est vrai que vous avez fait des études littéraires. En tout cas, moi je préfère vivre comme je vis plutôt que dans la misère comme cet écrivaillon.

Florence : - Il faut une certaine grandeur pour accepter d'avancer à contre-courant.

Maître Pierre : - Ce n'est pas une raison pour vivre aux crochets de la société ! Il proclame refuser toute subvention mais n'hésite pas à se la couler douce au Rmi ! Il pourrait au moins être honnête !

*Florence éclate de rire.*

Maître Pierre : - Flo !

Florence : - Excusez-moi, je n'ai pas pu me retenir.

Maître Pierre : - Et qu'ai-je dit d'aussi drôle ?

Florence : - Le mot honnête, dans votre bouche.

Maître Pierre : - Oh ! Flo ! Comment me considères-tu ?

Florence : - En plus, c'est une réplique de votre écrivain préféré. Quand il se met en scène et se tourne en dérision.

Maître Pierre : - Parce qu'en plus vous achetez ses livres !

Florence : - Avec mon argent !

Maître Pierre : - Toi, ton mari devrait te surveiller ! Je trouve que tu vas un peu trop souvent là-haut !

Florence : - Oh ! Je marche ! Je ne suis avancée au bourg qu'une seule fois. Et c'était justement pour acheter son troisième livre. Parce que j'avais lu une excellente critique sur internet... Tu ne vas quand même pas reprocher à une femme enceinte de marcher !

Maître Pierre : - Mais non, ma Flo. C'était juste pour te taquiner. Même pour une gloire posthume, je n'échangerais pas ma place contre la sienne... Je suis l'homme le plus heureux du monde... Approche ma douce, ma fleur, mon soleil, que j'effleure notre enfant. J'en deviens poète aussi !

Florence : - Pas ici, nous l'avions convenu.

Maître Pierre : - Où alors ?! Je suis quand même son papa à ce petit bout de chou qui m'a l'air bien vigoureux.

Florence, *apitoyée, s'approche* : - Allez, une main.

*Le notaire, la main gauche sur le ventre de sa belle-fille est aux anges. On frappe. Entre Yvonne. Le notaire, tout à son émerveillement, n'avait pas entendu frapper. Il sursaute, comme pris en faute.*

Yvonne : - Oh !... Le notaire a beau être votre beau-père, je ne pense pas que cette attitude soit bien convenable.

Maître Pierre, *soudain en colère* : - Madame, tu m'emmerdes.

Yvonne : - Oh !

Maître Pierre : - C'est la première fois de ma vie que je touche le ventre d'une femme enceinte. La première ! A soixante-cinq ans ! Il est certains sujets sur lesquels je vous prierais de tourner trente-sept fois votre langue avec d'ouvrir la bouche. Et qu'on n'aborde plus le sujet ! Silence !

Yvonne : - Mon Dieu (*elle joint les mains*) 124... 124... Mes calculs astrologiques sont à 124.

Florence, *en souriant* : - C'est la troisième fois cette année que vous paniquez à cause de vos calculs... Et que je sache, les deux premières fois, la terre ne s'est pas arrêtée de tourner. Elle tourne même sans jamais dévier de sa route, elle !

Yvonne : - Ma fille... Ma fille... Dieu vous pardonne... Vous ne savez pas tout... Heureux les innocents...

*Florence la fixe.*

Florence, *en souriant* : - Vous devriez prendre du Prozac, comme vous l'a prescrit le docteur.

Yvonne : - Le docteur, oh ma fille, si vous saviez ! Des mises en garde ! Pour annoncer un engrenage. Et l'inéluctable avance pas à pas... Mon Dieu... 124 était sorti deux fois aussi avant...

> *Le notaire fait un geste de la main pour sa belle-fille, en direction de son épouse, signifiant : elle est folle.*

Yvonne : - Je n'y avais pas fait attention, la première fois... J'étais à l'âge de l'ignorance.

Maître Pierre : - Madame, vous divaguez. Laissez-nous travailler.

Florence, *en souriant* : - Je crois que ce midi nous mangerons des sardines... Heureusement, l'armoire est pleine de cakes ! Je suppose, madame Yvonne, que vous préférez retourner vous coucher...

Yvonne : - Ne souriez pas ma fille... N'ironisez pas ainsi ma fille... Oui ma fille... Je n'ai plus que cela à faire... Ne souriez pas... Vous ne savez pas sur qui va tomber la foudre aujourd'hui... Je ne peux m'opposer à l'inéluctable... J'ai pourtant tout essayé... J'ai fait une neuvaine, brûlé des cierges, prié Saint Benoît, Saint Christophe ! Notre Saint Jean-Gabriel Perboyre. J'ai même interpellé notre regretté Jean-Paul II, le Saint Homme... (*elle joint les mains*) Je m'en remets à ta volonté, Seigneur.

*Elle fixe une toile (un château), se signe puis sort en courant.*

Maître Pierre : - Si on ne la connaissait pas, elle nous donnerait le cafard.

Florence : - Pauvre femme... Où mènent les superstitions ! Mais qu'y a-t-il dans le coffre-fort ? (*le montrant de la tête*)

Maître Pierre : - Pourquoi me poses-tu cette question ?

Florence : - Je ne t'ai jamais vu l'ouvrir... Yvonne a fixé avec une telle intensité le tableau, j'en conclus qu'elle scrutait derrière la toile.

Maître Pierre : - La pierre.

Florence : - Oh ! La pierre ! Vous gardez dans votre coffre la pierre qui a tué son amant.

Maître Pierre : - Je l'ai cachée là le premier jour. A cause du sang. Je souhaitais la jeter dans la Garonne. Et les années sont passées. Le temps passe si vite quand...

Florence : - Il faut le faire. Vous ne pouvez quand même pas garder cette pierre alors que Marcel...

Maître Pierre : - J'ai bien réalisé l'acte de ce Ternoise, je peux jeter cette pierre.

Florence : - Montre-la moi.

Maître Pierre : - Ça non !

Florence : - Et pourquoi ? Puisque tu vas la jeter, j'ai le droit de la voir.

Maître Pierre : - Tu oublies ton état ! Tu crois que je me le pardonnerais si je te causais un choc !

Florence : - Bon... Parfois tu as raison ! Mais tu me promets de la balancer aujourd'hui.

Maître Pierre : - Je vais à Montauban cette après-midi... Je crois d'ailleurs que je vais partir tout de suite et me payer le restaurant.

Florence : - Alors je mangerai des sardines seule.

Maître Pierre : - Votre mari doit rentrer ce midi.

Florence, *en souriant* : - Je l'oubliais lui !... Je vous laisse donc vous préparer.

*Elle fait deux pas vers la porte.*

Florence : - Bon courage.

Maître Pierre : - Merci Flo... Je te rapporte une bouteille de Sauternes ?... Et un peu de foie gras ?...

*Elle lui envoie un baiser, sourit et sort.*

Maître Pierre : - Cette pierre n'a plus rien à faire ici. J'ai quand même été imprudent de la garder. Je vis dangereusement ! Comment aurais-je expliqué le sang de cet idiot sur une pierre dans mon coffre-fort ! (*en souriant*) Personne n'aurait osé demander l'ouverture du coffre-fort du notaire !

*Tout en parlant, il se lève, va au coffre-fort, retire le tableau, le pose sur une chaise, prend son trousseau de clés, ouvre le coffre-fort et caresse la pierre.*

Maître Pierre : - J'ai ici assez de secrets pour déclencher une guerre civile dans le canton... L'arme fatale !

*Marcel entre sans frapper, une bouteille de whisky en main, claque la porte, titube, regarde vers le bureau et ne voit pas le notaire.*

Marcel : - Où il est, où il est ! Il est pas là, ce salaud.

*Le notaire le regarde sans comprendre.*
*Marcel donne un coup de pied dans le bureau, renverse une chaise. Avec sa bouteille de whisky il jette par terre quelques dossiers ; elle se renverse sur le bureau. Il se retourne, fait deux pas vers la porte du secrétariat, et aperçoit le notaire.*

*Marcel se précipite vers lui, en titubant.*

Marcel : - Salaud.

Maître Pierre : - C'est à ton père que tu t'adresses ainsi. Veux-tu t'excuser immédiatement.

Marcel : - Maman m'a tout raconté. Salaud. Assassin.

*Marcel attrape le notaire par la cravate, le pousse contre le mur.*

Maître Pierre : - Hé doucement... (*il repousse Marcel qui continue à le tenir du bout des bras*) Ta mère est très perturbée ce matin... Tu ne connais pas très bien les femmes... Mais il y a des périodes où elles sont sujettes à certaines vapeurs... (*Marcel le fixe dans les yeux*)

Marcel : - Salaud, assassin.

Maître Pierre : - Tu as fêté ton départ de Cahors... Allez lâche-moi... Sinon je vais devoir te faire une prise de judo... Il faudra que tu te modères un peu niveau boissons quand...

*Marcel voit la pierre dans le coffre, pousse le notaire qui se cogne contre le mur, il prend la pierre dans le coffre et fonce sur le notaire, lui fracasse la tête. Le notaire n'a même pas le temps d'esquisser un geste.*

*Maître Pierre s'effondre en bredouillant « Flo ».*

*Florence entre, hurle « non ! »*

**Rideau - Fin**

## Stéphane Ternoise

Stéphane Ternoise est né en 1968. Il publie depuis 1991. Il est depuis son premier livre éditeur indépendant.

Dès 2004, il a proposé des livres numériques, en PDF. Mais c'est en 2011 seulement que les ventes dématérialisées ont démarré. Son catalogue numérique (depuis mi 2011 distribué par Immateriel) a ainsi rapidement dépassé celui du papier, grâce à des essais, des livres de photos... tout en continuant la lente écriture dans les domaines du théâtre et du roman. Depuis octobre 2013, et son « identifiant fiscal aux États-Unis », son catalogue papier tend à rattraper celui en pixels.

http://www.livrepapier.com ou
http://www.livrepixels.com

Il convient donc, de nouveau, d'aborder l'auteur sous le biais de l'œuvre. Ainsi, pour vous y retrouver, http://www.ecrivain.pro essaye de fournir une vue globale. Et chaque domaine bénéficie de sites au nom approprié :

http://www.romancier.net
http://www.dramaturge.net
http://www.essayiste.net

http://www.lotois.fr

**Vous pouvez légitimement vous demander pourquoi un auteur avec un tel catalogue ne bénéficie d'aucune visibilité dans les médias traditionnels. L'écriture est une chose, se faire des amis utiles une autre !**

**Catalogue** (le plus souvent en papier et numérique, parfois uniquement les pixels, le travail de mise en page papier demandant plus de temps que d'heures disponibles)

*Romans :* ( http://www.romancier.net )
*Le Roman de la révolution numérique.*
*Ils ne sont pas intervenus (le livre des conséquences)* également en version numérique sous le titre *Peut-être un roman autobiographique*
*La Faute à Souchon ?* également sous le titre *Le roman du show-biz et de la sagesse (Même les dolmens se brisent)*
*Liberté, j'ignorais tant de Toi également sous le titre Libertés d'avant l'an 2000)*
*Viré, viré, viré, même viré du Rmi*
*Quand les familles sans toit sont entrées dans les maisons fermées*

*Théâtre :* ( http://www.theatre.wf )
*Théâtre pour femmes*
*Théâtre peut-être complet*
*La baguette magique et les philosophes*
*Quatre ou cinq femmes attendent la star*
*Avant les élections présidentielles*
*Les secrets de maître Pierre, notaire de campagne*
*Deux sœurs et un contrôle fiscal*
*Ça magouille aux assurances*
*Pourquoi est-il venu ?*
*Amour, sud et chansons*
*Blaise Pascal serait webmaster*
*Aventures d'écrivains régionaux*
*Trois femmes et un amour*
*La fille aux 200 doudous et autres pièces de théâtre pour enfants*
*« Révélations » sur « les apparitions d'Astaffort » Brel / Cabrel (les secrets de la grotte Mariette)*

**Photos :** ( http://www.france.wf )
*Montcuq, le village lotois*
*Cahors, des pierres et des hommes.* *Photos et commentaires*
*Limogne-en-Quercy Calvignac la route des dolmens et*
*gariottes*
*Saint-Cirq-Lapopie, le plus beau village de France ?*
*Saillac village du Lot*
**Limogne-en-Quercy cinq monuments historiques cinq dolmens**
*Beauregard, Dolmens Gariottes Château de Marsa et autres*
*merveilles lotoises*
*Villeneuve-sur-Lot, des monuments historiques, un salon du*
*livre... -Photos, histoires et opinions*
*Henri Martin du musée Henri-Martin de Cahors - Avec visite*
*de Labastide-du-Vert et Saint-Cirq-Lapopie sur les traces du*
*peintre*
*L'église romane de Rouillac à Montcuq et sa voisine oubliée, à*
*découvrir - Les fresques de Rouillac, Touffailles et Saint-Félix*

**Livres d'artiste** ( http://www.quercy.pro )
*Quercy : l'harmonie du hasard*
*Lot, livre d'art*
**Jésus, du Quercy**
*Les pommes de décembre*
**La beauté des éoliennes**

**Essais :** ( http://www.essayiste.net )
*Le manifeste de l'auto-édition - Manifeste politico-littéraire*
*pour la reconnaissance des écrivains indépendants et une saine*
*concurrence entre les différentes formes d'édition*
*Écrivains, réveillez-vous ? - La loi 2012-287 du 1er mars 2012*
*et autres somnifères*
*Le livre numérique, fils de l'auto-édition*
*Aurélie Filippetti, Antoine Gallimard et les subventions contre*
*l'auto-édition - Les coulisses de l'édition française révélées*
*aux lectrices, lecteurs et jeunes écrivains*
*Réponses à monsieur Frédéric Beigbeder au sujet du Livre*
*Numérique (Écrivains= moutons tondus ?)*

*Comment devenir écrivain ? Être écrivain ? (Écrire est-ce un vrai métier ? Une vocation ? Quelle formation ?...)*
**Amour - état du sentiment et perspectives**
*Le guide de l'auto-édition numérique en France*
*(Publier et vendre des ebooks en autopublication)*
**Copie privée, droit de prêt en bibliothèque : vous payez, nous ne touchons pas un centime - Quand la France organise la marginalisation des écrivains indépendants**

**Chansons :** ( http://www.parolier.info )
*Chansons trop éloignées des normes industrielles*
**Chansons vertes et autres textes engagés**
**Chansons d'avant l'an 2000**
*Parodies de chansons - De Renaud à Cabrel En passant par Cloclo et Jacques Brel*

**En chti :** ( http://www.chti.es )
*Canchons et cafougnettes (Ternoise chti)*
**Elle tiote aux deux chints doudous (théâtre)**

**Politique :** ( http://www.commentaire.info )
*Ce François Hollande qui peut encore gagner le 6 mai 2012 ne le mérite pas*
*Nicolas Sarkozy : sketchs et Parodies de chansons*
*Bernadette et Jacques Chirac vus du Lot - Chansons théâtre textes lotois*
**Affaire Ségolène Royal - Olivier Falorni Ce qu'il faut en retenir pour l'Histoire - Un écrivain engagé, un observateur indépendant**
*François Fillon, persuadé qu'il aurait battu François Hollande en 2012, qu'il le battra en 2017*

*Notre vie* ( http://www.morts.info )
*La trahison des morts : les concessions à perpétuité discrètement récupérées - Cahors, à l'ombre des remparts médiévaux, les vieux morts doivent laisser la place aux jeunes...*

*Cahors : Adèle et Marie Borie contre Jean-Marc Vayssouze-Faure - Appel à une mobilisation locale et nationale pour sauver les soeurs Borie...*

**Jeux de société**
http://www.lejeudespistescyclables.com
*La France des pistes cyclables - Fabriquer un jeu de société pour enfants de 8 à 108 ans*
**Le bon chemin pour Saint-Jacques-de-Compostelle**

*Autres :*
*La disparition du père Noël et autres contes*
*J'écris aussi des sketchs*
*Vive les poules municipales... et les poulets municipaux - Réduire le volume des déchets alimentaires et manger des oeufs de qualité*

**Œuvres traduites :**
La fille aux 200 doudous :
- *The Teddy (Bear) Whisperer* (Kate-Marie Glover) - Das Mädchen mit den 200 Schmusetieren (Jeanne Meurtin)
- Le lion l'autruche et le renard :
- How the fox got his cunning (Kate-Marie Glover)

- Mertilou prépare l'été :
- The Blackbird's Secret (Kate-Marie Glover)

- *La fille aux 200 doudous et autres pièces de théâtre pour enfants (les 6 pièces)*
- La niña de los 200 peluches y otras obras de teatro para niños (María del Carmen Pulido Cortijo)

169

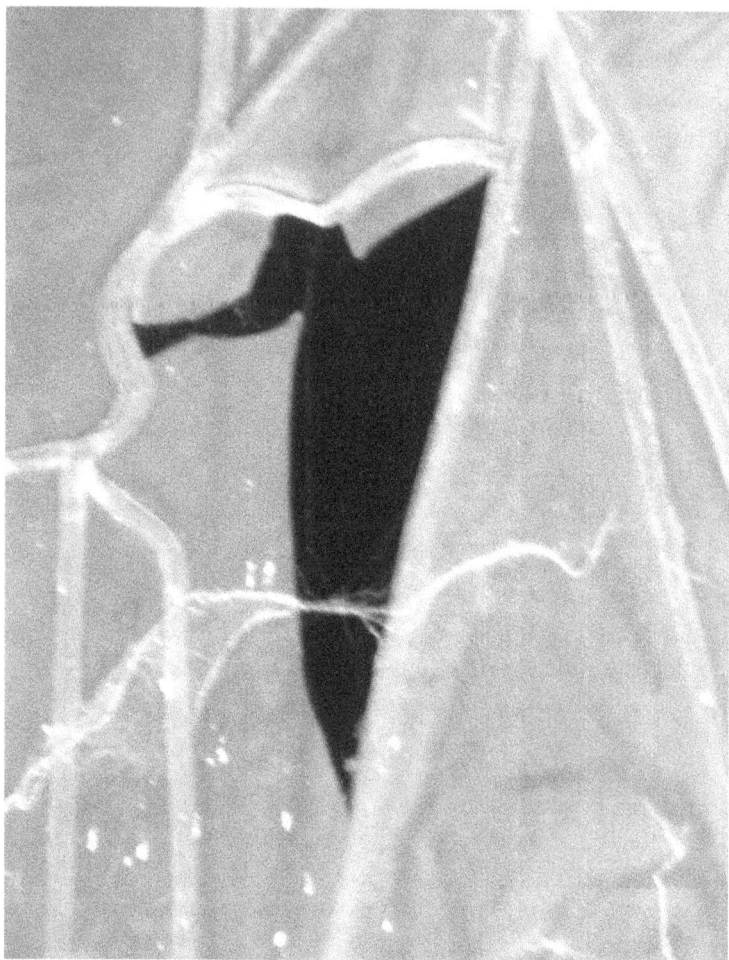

# Les secrets de maître Pierre, notaire de campagne

## Mentions légales

Tous droits de traduction, de reproduction, d'utilisation, d'interprétation et d'adaptation réservés pour tous pays, pour toutes planètes, pour tous univers.

Site officiel : http://www.ecrivain.pro

Vous souhaitez jouer une pièce de l'auteur ?
http://www.ternoise.fr

**Dépôt légal à la publication au format ebook du 31 mai 2011.**

Imprimé par CreateSpace, An Amazon.com Company pour le compte de l'auteur-éditeur indépendant.
**livrepapier.com**

EAN 9782365415392
ISBN 978-2-36541-539-2
*Les secrets de maître Pierre, notaire de campagne* de Stéphane Ternoise
© Jean-Luc PETIT - BP 17 - 46800 Montcuq - FRANCE

www.ingramcontent.com/pod-product-compliance
Lightning Source LLC
Chambersburg PA
CBHW070039110426
42741CB00036B/2961